これならわかる イギリスの歴史 Q&A

石出法太
石出みどり

大月書店

シェトランド諸島
オークニー諸島
ヘブリディーズ諸島
スコットランド
グランピアン山脈
グレートブリテン島
北海
大西洋
エディンバラ
グラスゴー
イギリス
北アイルランド
アイルランド島
アイリッシュ海
ペナイン山脈
リーズ
リヴァプール
シェフィールド
マンチェスター
アイルランド
イングランド
ウェールズ
レスター
セントジョージズ海峡
バーミンガム
カンブリア山脈
ロンドン
テムズ川
ブリストル
ドーヴァー海峡
ケルト海
イギリス海峡
フランス

読者のみなさんへ

学校のチャイムというと、どんなチャイムを思い出しますか。ゆっくりとした四つの音の、少し重々しいメロディーではありませんか。それはたぶん、イギリスの首都ロンドンの、ビッグベン*とよばれる時計塔の鐘**の音《ね》です。

ロンドン中心部には、かつて王たちが住んだウェストミンスター宮殿がありました。この宮殿は国会議事堂となりましたが、火災がおき、一九世紀に現在の国会議事堂と時計塔が再建されました。それはヴィクトリア女王の時代、イギリスが帝国主義国として繁栄を誇《ほこ》り、世界に力を示したときでした。

世界地図を広げると、中央に日本列島と広い太平洋があります。しかし外国ではちがいます。ほとんどの世界地図では、イギリスが中央にあり、太平洋は東と西の端《はし》に分かれています。なぜでしょう。

そうです。ロンドン近郊のグリニッジに、本初子午線《ほんしょしごせん》があるからです。地球の赤道と直角に交差する子午線（経線）は無数にありますが、一八八四年にその「本初」、はじまりの経度〇度と定められたのがグリニッジでした。日本の標準時子午線は東経一三五度となり、日本はイギリスからみて遠い東、「極東《ファーイースト》」の国となりました。

*……高さ九六メートル。二〇一二年、エリザベス二世の在位六〇周年を機に、クロック・タワーからエリザベス・タワーと改称された。二〇二一年まで四年間の大改修がおこなわれる。

**……一九五〇年代後半、東京の大田区立大森第四中学校の井上尚美教諭が、ジリリリリと鳴るベルに代わるビッグベンのチャイムを考案し、各地に広まったとされる。

ロンドン中心部、テムズ川河畔のビッグベンと国会議事堂

イギリスの公共放送ＢＢＣが国際放送を開始したのは、一九三二年のことです（もちろんラジオです）。当時アジアやアフリカ、南北アメリカ、オセアニア各地の植民地にいたイギリス人は、祖国からの放送を心待ちにしたことでしょう。そうした彼らの希望で実現したのが、ビッグベンが告げる時報でした。その鐘の音は郷愁《きょうしゅう》を誘うだけでなく、「ブリティッシュネス（イギリス人らしさ）」、すなわちイギリス帝国の権力と威光《いこう》のシンボルでもありました。外国で聞くビッグベンの鐘は、イギリスは遠いこの地を支配していると告げたのです。

ところで、「イギリス」という呼び名は正確ではありません。イギリスはイングランドだけではないし、イギリス人とはイングリッシュだけではありません。使われている言葉***も、英語だけではありません。イギリスは、スコットランドとウェールズを加えた三つの国と北アイルランドから成るからです。

ヨーロッパの自動車は、車体に国名を示すステッカーをつけていますが、イギリスの場合はＧＢ、グレートブリテン（**Great Britain**）の頭文字です。これは「偉大《いだい》なブリテンだ」という自慢《じまん》ではありません。「大きなブリテン」、「大ブリテン島」という地理的名称です。

そして「小さなブリテン」もあります。イギリス海峡《かいきょう》の対岸のフランスの、ブルターニュ（**Bretagne**）地方です。ここは、大ブリテン島の南西部、ウェールズ地方に住んでいたケルト系ブリトン人が、アングロ・サクソン人の侵入を

グリニッジ子午線と日本

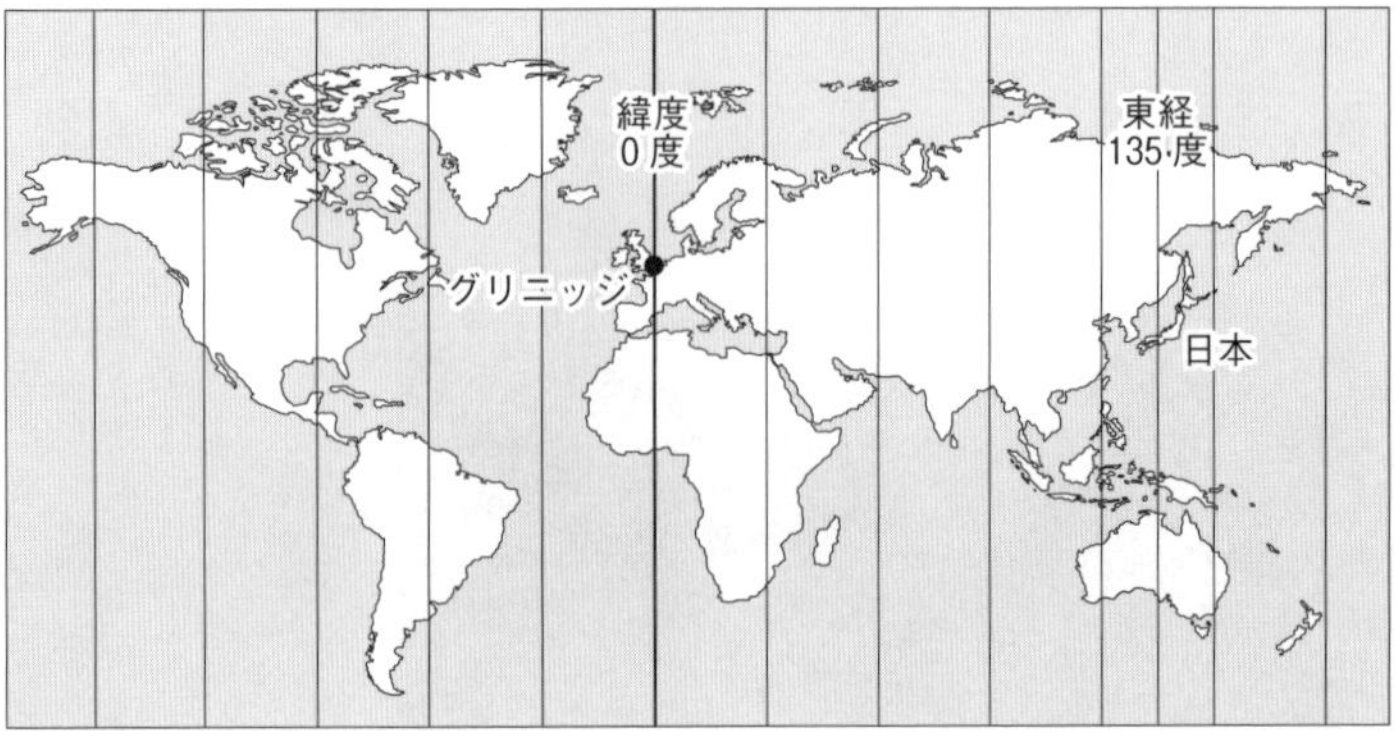

***……ほかにスコットランド語、ウェールズ語、アイルランド語がある。ＢＢＣでもこれらの言語で放送、配信している。

受けて五世紀に移住した地域でした。また一一世紀には、ブルターニュの北のノルマンディー地方の貴族によって、イギリスは征服されます。このためイギリスは、フランス王に仕《つか》える家臣《かしん》の領地になりました。また逆に、イギリスがフランスに領地を獲得しようと争った時代もありました。

一九世紀のイギリス、「ブリティッシュ・エンパイア」を、日本では「大英帝国」といいます。しかし、もとの言葉のどこにも「大」の字はありません。「大英博物館」とよばれる「ブリティッシュ・ミュージアム」も同様です。私たちは「イギリス帝国」「イギリス博物館」という言葉を使いますので、ご了解ください。

イギリスの歴史の勉強は楽しく、この本に載せたいことは山のようにありました。私たちは最善をつくしましたが、つねにひとつの答えが正しいとはかぎりません。みなさんがこの本を読んでどなたかと話したり、新しい疑問が浮かんで答えを見つけようとするならば、こんなにうれしいことはありません。調べたこと、考えたことを、ぜひお友だちやご家族に、また私たちに伝えてください。

英語とウェールズ語が併記されているゴミ箱

目次 CONTENTS

7 革命の時代

8 一八世紀のイギリス

9 産業革命の時代

16 第二次世界大戦とイギリス

17 第二次世界大戦後のイギリス

18 イギリスの暮らしと文化

19 二〇世紀後半のイギリス

20 二一世紀のイギリス

1 イギリスについて知っていますか

イギリス国旗のユニオンフラッグ（ユニオンジャック）

日本人にとって、イギリスはヨーロッパのなかでもっとも親しみを感じる国の一つです。しかし、私たちがイギリスについて知っていること、国のなりたちや歴史、文化、産業などには、実際とだいぶちがうところがあるかもしれません。

Q1 「イギリス」という名前の国はないというのは本当ですか。

A1 「イギリス」という国名は、日本だけでしか通用しません。日本語の「イギリス」は、「イングランド人」または「イングランドの」を意味する English に対応するポルトガル語＊の「イングレス」、またオランダ語の「エンゲルシュ」がもとになっています。日本ではこれが国名とされて、漢字では

＊……日本へは江戸時代初期までポルトガル人が、江戸時代全期をつうじてオランダ人が、来航していた。開国以降、日本を訪れるのはスコットランド人が多かったが、日本人は「イギリス」の語源となったイングランド人と区別しなかった。

「英吉利」、「英吉利斯」など、短くして「英国」としています。

イギリスは「連合王国《ユナイテッド・キングダム》」であり、一つの国ではありません。イングランド、ウェールズ、スコットランドという三つの国と北アイルランド**が連合してなりたっています。イングランドはイギリスの中の一つの地域であり、イングリッシュは「イギリス人」ではなくイングランド人をさします。同様に、ウェールズ人がいて、スコットランド人がいます。いわゆるイギリス国教会も、正確には「イングランド国教会」で、イングランド内にしか影響力はありません。

イギリスの正式名称は「グレートブリテンおよび北アイルランド連合王国」***です。これでは長いので、略して「連合王国」とよび、頭文字で「U.K.」と書いたり、「グレートブリテン」だけで「G.B.」と書いたりします。「イギリス人」というときは「ブリティッシュ」を使います。

個々の国の独立の度合いやありかたは同じではありません。スコットランドは独自の議会と通貨をもち、イギリスからの分離独立を求める動きもあります。サッカーのワールドカップやヨーロッパのラグビーの六カ国対抗戦****でも、「イギリス」ではなく、それぞれが独立した一つの国として参加しています。

四つの地域

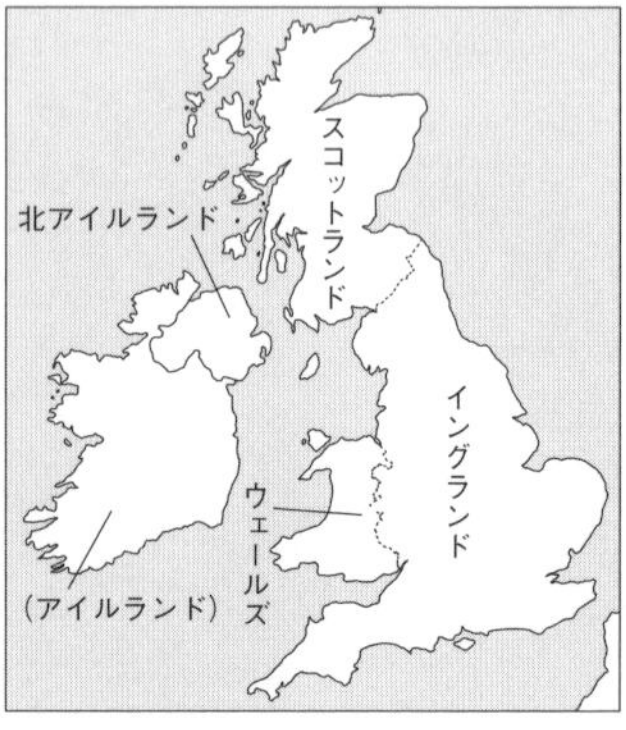

**……アイルランド島北東部。一九四九年、南アイルランドがイギリス連邦を離脱して独立した共和国になった際、イギリスの統治下にとどまった地域。

***……「The United Kingdom of Great Britain and Northern Ireland」の訳語。

****……イングランド、ウェールズ、スコットランド、アイルランド（分離する以前から大会がおこなわれていたので、現在も北アイルランドをふくめたチームである）、フランス、イタリア。

Q2 英語はどのようにして生まれた言葉ですか。

A2

英語のなりたちをたどると、イギリスという国の歴史がわかります。

イギリスには、先住民であるケルト*系のブリトン人の言葉がありました。しかし、今日の英語のもとになっている古英語は、五世紀ごろからブリテン島に侵入したゲルマン人の一派、アングロ・サクソン人の言葉とされます。彼らが使っていた言葉はゲルマン系の言語で、ドイツ語やオランダ語につながるものでした。

七世紀以降、キリスト教の布教が本格化すると、キリスト教に関連するラテン語やギリシア語、ヘブライ語起源の語彙《ごい》がたくさん英語に加わりました。また、八世紀からスカンディナヴィアのヴァイキング（→19ページ）が侵入し定着すると、その地名や語彙も英語に吸収されました。

一〇六六年のノルマン人のイングランド征服（→22ページ）は、英語にとっても大事件でした。ノルマンディー公ウィリアムも家臣《かしん》も英語を話さないため、宮廷《きゅうてい》でも教会でもフランス語が使われるようになったのです。このため、支配階級はフランス語、庶民《しょみん》は英語という、二重言語の社会が数百年つづき、英語に多くのフランス語の言葉が入りました。イギリス人が多民族の混合であるように、英語もさまざまな外来語を受け入れてつくられてきたのです。

一三世紀になると、教会の説教も英語でおこなわれるようになり、一六世紀には、現在の英語に近い近代英語が成立。シェイクスピアなどが活躍し、北ア

＊……ケルト系のブリトン人の言葉は、スコットランドやアイルランドのゲール語やウェールズ語などにつながるもので、地名などに語彙が残っている。ブリトン人と戦ったローマ人はブリテン島から引き揚げたが、彼らが使ったラテン語とつながる地名も残されている。

メリカへの移民もはじまりました。季節の「秋」をイギリスでは「autumn」、アメリカでは「fall」といいますが、一七世紀まではイギリスでも「fall」がふつうだったそうです。イギリス本国では消えた古い語彙や用法が、植民先のアメリカでは消えずに残りました。

Q3 サッカーはイギリスで生まれたのですか。

A3 ボールを足で蹴る競技は、世界各地で古くからあります。サッカーは、一六世紀のイタリアでおこなわれていた「カルチョ」が、今日のものにかなり近いといわれます。日本での呼び名は「サッカー」*ですが、世界的には英語で「フットボール」とよばれ、世界でもっとも人気**のあるスポーツといわれます。

イギリスでは一九世紀、各地のパブリック・スクール（↓6ページ）や、オクスフォードとケンブリッジの二大学で、フットボールがさかんにおこなわれました。上流階級や中産階級の子弟《してい》にフェアプレイとチームワークを養《やしな》うという教育効果が期待されたのです。やがてイングランドの工業地帯では、労働者を労働運動や政治活動から遠ざけるためにスポーツが奨励《しょうれい》され、会社内に福祉施設やスポーツのクラブがつくられるようになりました。労働者のフットボー

*……一九世紀に、ロンドン近郊のフットボール・クラブの代表が統一ルールをつくるために集まって「フットボール・アソシエーション」を組織し、統一ルールでおこなわれるゲームを「アソシエーション・フットボール」とよび、これがのちに「サッカー」とよばれた。語尾に「-er」をつけるという通称のつけかたがあり、「アソシエーション」のなかの「soc」から「soccer」になったとされる。サッカーの名称が使われるのは、日本や別のフットボールがあるアメリカなど、ごくわずかな地域だけである。

**……イギリスには、イングランド、ウェールズ、スコットランド、北アイルランドそれぞれに独自のリーグがある。イングランドには、二〇のクラブチームからなるプレミアリーグと、その下に七二クラブからなるリーグがあり、さらにその下にはたくさんのアマチュアリーグが存在する。

ル・チームがつくられ、プロの選手も登場し、イングランドとスコットランドの国際試合もおこなわれます。一九世紀後半のイギリスでは、フットボールなど、いくつものスポーツの近代的な形が生まれました。

一九世紀後半は帝国主義の時代であり、その先頭にたつイギリスは、世界各地に植民地を建設しました。それとともに、ボール一個でプレイできるフットボールは世界中に広がり、一八九〇年代末には南アメリカ、二〇世紀初頭にはアジアでも、フットボールがおこなわれるようになりました。今日では、女子や障がい者のフットボールもさかんにおこなわれています。

パブリック・スクールのサッカー

Q4 ロールス・ロイスは イギリスの車ではないのですか。

A4 一九五〇年代、イギリスはアメリカに次ぐ世界第二位の自動車生産国でした。この時代のイギリスには、多くの自動車メーカーが存在し、のちに名車といわれる個性的なクルマを、競い合ってつくっていました。

現在のイギリス自動車産業の衰退《すいたい》を、当時だれが予想したでしょう。現在、大手自動車メーカーのほとんどは、外国の自動車メーカーの傘下《さんか》に入りました。ロールス・ロイス社はドイツのBMW社に、ジャガー社はインドのタタ・モーターズ社に属《ぞく》しています。

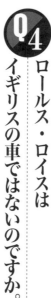

ロールス・ロイス社は、一九〇六年マンチェスターで創業し、第一次世界大戦を機に自動車生産から航空機用エンジンの生産へと進出しました。一九三一年にはスポーツカーメーカーのベントレー社を買収して規模を拡大し、その乗用車は高級車の代名詞となりました。素材や製法を厳しく吟味《ぎんみ》し、信頼性の高いクルマづくりに邁進《まいしん》したのです。しかし一九六〇年代になると、技術革新の遅れや航空機用エンジン部門の損失から苦境におちいり、一九七一年には経営が破綻《はたん》、イギリス政府によって国有化されました。

のちの再民営化後は、航空機用エンジンなどを新生ロールス・ロイス社が担当し、自動車部門については、ロールス・ロイスの製造はドイツのBMW社が、ベントレーの製造は同じくフォルクスワーゲン社がおこなうことになりました。現在販売されているロールス・ロイスは、BMW社が設立した新会社のロールス・ロイス・モーター・カーズが、ブランドを引き継いで独自に開発・製造したものです。

永遠の名車、世界最高といわれたロールス・ロイス社の「シルヴァー・ゴースト」（一九〇七年）

Q5 「パブリック・スクール」とは公立学校のことですか。

A5 アメリカでは「パブリック・スクール」というと*公立学校をさしますが、イギリスでは、イートン校、ハロー校、ラグビー校など、伝統ある私立

*……イギリスでは公立校を「ステイト・スクール」とよび、私立校を「プライヴェート・スクール」、あるいは「インディペンデント・スクール」とよぶ。

学校で、一三歳から一八歳までの生徒を教育する超エリート校をさします。オクスフォードやケンブリッジなど有名大学への進学者は、その約半数が、パブリック・スクール**など私立校***の出身者です。

一二世紀にオクスフォード大学が設立されると、進学をめざす上流階級の子弟を受け入れるパブリック・スクールが誕生しました。最も古いパブリック・スクールは、一三九四年設立のウィンチェスター校****です。

一九世紀以来、パブリック・スクールは、イギリスの将来を担《にな》うエリート養成の場となってきました。一三歳から一八歳の男子のみの寄宿舎生活では、個性と独立性が尊重され、スポーツが奨励され、人格や道徳面での教育が重視されました。しかし一方では、閉鎖《へいさ》性などの問題点も指摘されます。教員の異動《いどう》がほとんどないため、祖父、父、子を同じ先生が教えるということもあるようです。

現在、パブリック・スクールに入学するためには、学力だけでなく、高額の学費と寄宿料を払う経済力が必要です。裕福な家庭の子たちが、五歳からその準備のための私立学校へ通ったりしています。今日、全寮制をとっている学校はイートン校*****などごくわずかで、通学制と寄宿制の併用、共学化、通学制のみなど、変化が生まれています。

**……パブリック・スクールとよばれる学校は二〇〇以上ある。「パブリック」とは、上流階級のなかでおこなわれていた家庭教師による教育ではなく、学校でおこなう教育という意味、また全国から生徒を集めるという意味ともいわれる。『ハリー・ポッターシリーズ』の舞台である架空の魔法魔術校「ホグワーツ・スクール」は、パブリック・スクールがモデル。

***……私立学校は約二六〇〇校ある。イギリスで学校に通う全生徒の約六・五パーセント、六二万人あまりが通う。

****……貧しい農家の出身でウィンチェスター司教にまでなったウィッカムのウィリアムが、豊かでない家庭の子弟にも聖職者への道をひらくために設立した。

*****……国王ヘンリ六世により、一四四〇年ケンブリッジのキングズ・カレッジの予備校として設立。

◆映画『チップス先生さようなら』（一九六九年、ハーバート・ロス監督）生徒に慕われた、パブリック・スクールのチップス先生の生涯を描く。

2 ローマ人がやってきた

ブリテン諸島

ヨーロッパでは、北方系の民族といわれるケルト人の遺物が、広く各地で発見されています。これらはローマ帝国が支配を広げる以前のもので、紀元前一世紀ころ、グレートブリテン島にも、ケルト系の人びとが住みついていました。「ブリテン島」という名称は、この島に上陸し大部分を支配したローマ人が、彼らをブリトン人、この島をブリタニアとよんだことに由来します。

Q1 五〇〇〇年前に暮らした人びとの生活の跡が残っているのですか。

A1 グレートブリテン島とアイルランド島、その周辺にある島々をふくめて、ブリテン諸島とよびます。かつては大陸とつながっていましたが、約一万年前に氷河期*が終わると、海面が上昇してブリテン諸島が形成されました。日本列島の形成と似ていますね。遺跡などからは、寒冷な時代から狩猟《しゅりょう》をする

＊……氷河期に人びとが打製石器や骨角器を使っていた時代を、旧石器時代とよぶ。

人びとが生活していたことが確認されています。

約五〇〇〇年前、農耕や牧畜をする人びとが、ブリテン諸島に渡来《とらい》しました。先住の人びととの関係はわかりません。農耕や牧畜がおこなわれ、磨製《ませい》石器が使われた時代を新石器時代とよびますが、このころの遺跡が、スコットランドの北、オークニー諸島にあります。なかでも有名なのは、メインランド島の西岸にあるスカラ・ブレイ遺跡**です。大嵐で土砂がくずれたことによって、地中の石造建築群が発見されました。新石器時代のヨーロッパの集落としてはもっとも完全なもので、紀元前三〇〇〇年ころのものといわれます。

集落は、海岸近くの一〇戸の石積みの住居です。低い通路でつながった各戸のなかには、石づくりの炉《ろ》や調理台、収納棚、椅子《いす》などの家具がおかれ、他の島でも見られる土器も発見されました。ここでは約六〇〇年間にわたって生活が営《いとな》まれ、その後放棄《ほうき》されたと思われますが、理由はわかりません。

周辺地域には、環状列石***群や、墓のある円形の丘が多数みられます。近くのリング・オブ・ブロッガー遺跡は、直径一〇四メートルの環状列石の遺跡で、紀元前二五〇〇年くらいにつくられたと推定されます。

**……「オークニー諸島の新石器時代遺跡中心地」として、一九九九年にユネスコの世界文化遺産に登録された。

スカラ・ブレイで発掘された住居群

***……柱状の自然石を環状に立て並べたもので、ストーンサークルともよぶ。

Q2 ストーンヘンジは何のためにつくられたのですか。

A2 ブリテン諸島には、巨石を使った古代遺跡が数多く残されています。なかでも、ロンドンから車で約二時間、ソールズベリーの北にあるストーンヘンジ*は有名ですが、今もなお謎《なぞ》に包まれています。高さ四〜五メートルもの巨大な石が、直径約一〇〇メートルの円形状に三〇個立ち並ぶさまは壮大で、**現代の景色とは思えません。

石は砂岩と玄《げん》武《ぶ》岩の二種類で、最大の砂岩は五〇トンもあり、ストーンヘンジから約二七キロメートル離れたところから切り出されました。玄武岩は遠く三〇〇キロメートル以上も離れたウェールズ南部から運ばれてきたようです。巨石の運搬《うんぱん》方法やストーンヘンジの建造方法は、よくわかっていません。石と石との間には、倒れないようにデコボコがあります。

ストーンヘンジは、紀元前二〇〇〇年ころから一五〇〇年以上にわたって、何段階かに分けて建造されたとみられます。周囲の土塁《どるい》は紀元前三〇〇〇年くらいまでさかのぼります。約三〇キロメートル離れたところにはエーヴベリー遺跡があります。こちらは三つのストーンサークルをもつヘンジで、紀元前二六〇〇年ころにつくられています。

*……ヘンジとは、列石をともなった環状の溝のこと。

**……周囲一帯の丘陵もふくめ、ナショナル・トラスト（→91ページ）が所有しているので、人工の建物や土産物屋、看板などは目に入らず、遺跡と草木と岩、羊の風景が広がっている。二〇一七年には、付近の幹線道路を地下トンネルにすることが発表された。

ストーンヘンジ

ストーンヘンジは、巨大な神殿の列柱のようで、宗教的な雰囲気がただよいますが、どのような人たちが何のためにつくったのか、わかりません。供物《くもつ》や***埋葬《まいそう》の跡があるので、祭礼がおこなわれていたようです。また、古代の天文台の役割、太陽崇拝《すうはい》の祭祀《さいし》の場所、ケルト人の祈りの場など、さまざまな説があります。

Q3 ケルト人とはどんな人たちですか。

A3 ケルト人は、かつてヨーロッパの中央部に暮らし、さまざまな文化や言語をもつ集団からなりたっていたと考えられます。彼らはみずからの文字をもたず、ギリシア人やローマ人が「ケルトイ」などとよんで記録を残したことから、「ケルト」という名称が、一九世紀の民族主義*の高まりのなかで使われるようになりました。

紀元前七世紀ころから、ケルト人はヨーロッパ各地に分散し、西はイベリア半島、南はイタリア半島、東は小アジア地方にまで至る地域に住みついたとされます。北のブリテン諸島には、従来は、紀元前五〇〇年ころ侵入し、先住の青銅器文化の人びとにかわって鉄器文化をもたらしたとされてきました。しかし今日では、大陸からのケルト人の大規模な移住はなく、ブリトン人（ブリテ

***……ストーンヘンジからは、多数の火葬された人骨が発見されており、ストーンヘンジ建設以前の大きな墓地だと考えられている。

*……ケルト文化が一九世紀のアイルランドにおける民族主義の文化的よりどころとされた。

聖書の装飾写本「ケルズの書」（八世紀）より。ケルト美術の最高傑作とされる

ンのケルト人）は大陸のケルト人とは異なる**という説が有力です。

紀元前後にローマ人がブリテン島に上陸したころには、ケルト人の部族社会***が成立していました。すでに紀元前二世紀末には高度な鉄器文化を築き、農牧生活を送っていたようです。ローマ人は統治《とうち》に際し、ブリテン人の社会制度を生かす政策をとったため、ケルトの伝統的な文化は破壊されずに残されました。

ケルト人は、自然界の諸々《もろもろ》に神霊が宿ると信じており、神霊とつうじる祭司のドルイドが、社会のなかで重要な位置を占めていました。ドルイドによる祭礼は森のなかでおこなわれ、大樹となるオークが信仰の対象になっていました。

今日ではケルト****文化というと、アイルランド*****、スコットランド、ウェールズなどと結びつけて語られます。

Q4 ロンドンはローマ帝国が建設したのですか。

A4 ロンドンの地下鉄タワー・ヒル駅の近く、またロンドン博物館の敷地のなかにも、「ロンドン・ウォール」とよばれる古い石壁が残されています。古代ローマの都市ロンディニウムの城壁*です。

ロンドンは一世紀ころ、ローマ帝国によってテムズ川北岸に建設されました。「ロンディニウム」という地名は、ケルト系ブリトン人の「沼地にある砦《とりで》」と

**……かねてからケルト文化が存在していたことになるが、ブリテン諸島にいつからケルト人が居住していたのかは不明である。「ケルト」という民族概念にも疑問が出されている。

***……部族の首長の下に、ドルイド（祭司）、戦士階級、農漁民や職人の階層、最下層に奴隷がいた。

****……ヨーロッパの中央からは姿を消したが、周縁部に残された。特徴的な音楽や文様、神話や伝説など、自然的・生命的な躍動感があふれていると指摘される。

*****……紀元前六〇〇年ころからケルト人が移住した。ローマ軍が入らなかったため、アイルランドのケルト文化はローマ文化の影響をかなりまぬがれているとされる。

◆映画『ブレンダンとケルズの秘密』（二〇〇九年、トム・ムーア監督）九世紀アイルランドの聖書の装飾写本「ケルズの書」にまつわる伝説を、中世絵画の手法で描く美しいアニメーション。

*……部分的には中世のものもある。

いう意味の言葉に由来するといわれます。

ブリテン島とローマの最初の出合いは、ユリウス・カエサルでした。彼は紀元前五五年にガリア**から軍団をひきいて上陸したのですが、占領は短期間で終わりました。約一世紀後の四三年には、ローマ皇帝クラウディウスが四万の大軍をひきいてブリテン島を占領します。ただし、その支配はスコットランドには及びませんでした。

当時ブリテン島に居住していたブリトン人は、約三〇の部族に分かれ、丘の上に砦をかまえていました。ローマの属領《ぞくりょう》になれば繁栄すると考えて従う部族もあれば、抵抗する部族もありました。六〇年、東南部を支配していたイケニ族のブーディカ***女王が武装蜂起《ほうき》します。ローマの軍団を破り、ロンディニウムを破壊するほどでしたが、****鎮圧《ちんあつ》されました。

国会議事堂の近く、ウェストミンスター橋のたもとに、二頭立ての馬戦車《チャリオット》を駆《か》るブーディカ女王と二人の娘の銅像があります。この像は、ローマ帝国の領土への編入に抵抗して人びとをひきいたブーディカ女王のイメージが、ヴィクトリア女王に重ねられて注目されたことから建造され、一九〇五年に完成しました。ヴィクトリア朝時代（一八三七～一九〇一年）、イギリスは広大な植民地をもつ世界帝国となりました。

三世紀につくられたローマ時代の壁の遺跡

**……主に現在のフランスを中心とする地域。カエサルが遠征し実力をつちかった地とされる。

***……日本語ではボウディッカ、ボアディケアなどとも表される。意味は「勝利」で「ヴィクトリア」と同じ意味とされる。

****……ローマの歴史家タキトゥスによると、ブリトン人の死者八万人、ローマ軍の死者四〇〇人とされている。

Q5 イギリスにも「万里の長城」のような城壁があるのですか。

A5 「ハドリアヌスの防壁」とよばれる城壁があります。ローマ帝国最北端の防衛線で、ケルト系諸部族*の侵入を防ぐために、ローマ皇帝ハドリアヌスの命令で一二二年から、約一〇年かけて建設されました。イングランドとスコットランドの境界線の上にあるようにみえますが、それは逆で、この長城がイングランドとスコットランドの境となりました。

長さは、イングランド東部のニューカッスル・アポン・タインから、西部のカーライルまでの、約一二〇キロメートル。堅固な石づくりの壁の高さは最大六メートル、厚さは約三メートル、防壁の下には三メートルの空堀《からぼり》が掘られていました。約一・四キロメートルおきに監視所があり、重要な地点には五〇〇人から一〇〇〇人の兵士が配備された大規模な砦がありました。

駐屯《ちゅうとん》していた兵士は、ゲルマン人など属州の出身で、合計すると一万人をこえると推測されます。防壁周辺には店や住宅が建設され、防壁は単なる軍事施設ではなく、壁をはさんだ南北の地域の経済的交流の場となっていたようです。しかし五世紀にローマが撤退《てったい》すると、防壁は放置され、道路や教会などの建設のために大量の石が持ち去られました。

＊……スコットランドにはケルト系の諸部族が居住し、ハイランド地方を支配した強力な部族がローマと対立したが、実態はわからない。ローマ人は彼らをピクト人とよんだ。英語の「ピクチャー」の語源とかかわる呼称の由来には、身体を彩色していた、入れ墨をしていた、文字のかわりに絵などを伝達手段として用いていたなど、諸説ある。

ハドリアヌスの防壁

二〇世紀に入り本格的な発掘がはじまり、砦には兵舎《へいしゃ》や病院、ローマ式浴場などの施設が完備されていたことや、兵士の手紙、食器やグラス、靴やサンダルなどから当時の生活のようすが明らかになりました。ハドリアヌスの防壁は、一九八七年にユネスコの世界文化遺産に登録されました。

アントニヌスの城壁は土塁で、アントニヌス帝の一四二〜一四四年に建設された

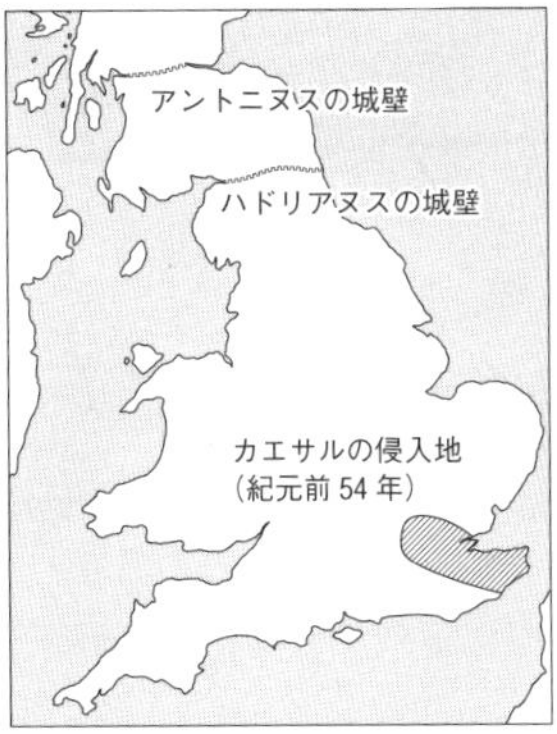

3 王国の統一

ブリテン島には、いろいろな民族がやってきました。ローマ人のあとにはゲルマン人、一般にアングロ・サクソン人とよばれる人たちがやってきました。八世紀末からは、デーン人を中心とするヴァイキングが侵入。一一世紀には「ノルマン人の征服」がありました。これらはおよそ六〇〇年の間のできごとです。

バイユーのつづれ織り

Q1 「サットン・フーの船《せん》葬《そう》墓《ぼ》」とは何ですか。

A1 五世紀前半にローマが撤退すると、ブリテン島にはアングル人、サクソン人、ジュート人など、ゲルマン系の諸民族が押し寄せました。

アングロ・サクソン人とよばれる彼らは、先住のケルト系ブリトン人を西のウェールズや北のスコットランドに追いやり、ブリテン島の中央部・東南部を

サットン・フーの船葬墓の復元模型

支配します。そしてこの地域は、「アングル人の土地」という意味の「イングランド」とよばれるようになりました。近年では、ブリトン人はイングランドから完全に追われたわけではなく、共住していたことが明らかにされています。

　イングランドには、多数のアングロ・サクソン人の国が生まれ、七世紀の初頭には七*つの王国にまとまりました。サットン・フーは、イングランド東部、ロンドン北東一〇〇キロメートルほどに位置し、周**辺にはいくつもの墳丘墓《ふんきゅうぼ》があります。

　一九三九年、墳丘の下から、長さ二七メートルの朽《く》ちた木造船の墓が発掘されました。これは船を墓として埋めたもので、***船葬墓《せんそうぼ》とよびます。剣や楯《たて》、銀のブローチや皿、「六二五年」と刻《きざ》まれた金貨など、貴重な多数の副葬品が出土しました。なかでも有名な、儀式用の鉄製ヘルメットは、イギリス博物館でレプリカをみることができます。

　この墓は、七王国の一つイースト・アングリア王国の王の墓とみられ、七世紀初めころのイングランドのようすが明らかになりました。キリスト教が広まる以前の貴重な遺跡です。

　のちに七王国のなかからウェセックスが台頭しましたが、九世紀以降、イングランドの大部分はヴァイキングの支配下におかれることになります。

*……ノーサンブリア、イースト・アングリア、エセックス、ケント、マーシア、サセックス、ウェセックスの七王国。

**……十数基の円墳がある墓域は公園となり、一九九八年からナショナル・トラストの管理下におかれている。ビジター・センターでは、王を埋葬した船や副葬品のレプリカがみられる。

***……ヴァイキングには、王などを船に乗せて葬り、塚をつくって宝物を副葬する風習があった。

鉄製ヘルメットのレプリカ

Q2 キリスト教はいつごろ伝わったのですか。

A2 キリスト教がイギリスにいつ伝わったのかは、よくわかりません。おそらく、ローマが支配していた二世紀ころには、ローマの兵士や商人などによって伝わっていたと考えられます。

四世紀になると、殉教者《じゅんきょうしゃ》*の名前があらわれ、洗礼盤などの遺物が発見されていることから、キリスト教はかなり広まっていたとみられます。しかし、ローマ帝国が撤退し、アングロ・サクソン人が侵入すると、キリスト教は大陸の教会や教皇《きょうこう》と切り離され、大きく後退することになりました。

アイルランドでは五世紀に、パラディウスやパトリックによってキリスト教が広められました。各地に修道院がつくられ、五六三年にはアイルランドの修道士が西スコットランドのアイオナ島に修道院をつくります。この修道院が中心となって、スコットランド**やイングランド北部にキリスト教は広まっていきました。

五九七年、ゲルマン人への布教に尽力《じんりょく》したローマ教皇グレゴリウス一世は、アウグスティヌス***を四〇人の修道士とともに、イングランドのケント王国に派《は》遣《けん》します。ケント王エゼルベルフトが洗礼を受けると、王族、臣下も改宗《かいしゅう》しま

*……信仰のために生命をささげた人。

アイオナの修道院

**……スコットランドは「スコット人の国」という意味。スコット人は六世紀ごろアイルランドから渡ってきたケルト人の一派である。彼らと対立した先住のピクト人との融和は、キリスト教によってもたらされた。ピクト人に布教したのはアイオナの修道士たちと考えられる。

***……カンタベリーのアウグスティヌス。『告白』や『神の国』を書いたのは、教父のアウグスティヌス（三五四～四三〇年）。

した。

アウグスティヌスは、ケント王国のカンタベリーを布教の拠点《きょてん》に定めます。大聖堂が建設され、アウグスティヌスは初代の大司教となり、カンタベリー大聖堂はイングランドで最高位の聖堂となりました。

こうして、教会は王の保護のもとで布教をおこない、王は教会によって王権を権威《けんい》づけるという、たがいに補強《ほきょう》しあう協力関係がつくられました。

Q3 ヴァイキングがイングランドの王になったのですか。

A3 八世紀から九世紀にかけて、イングランドの沿岸はヴァイキングの襲撃《しゅうげき》を受けるようになりました。ヴァイキングとはノルマン人のこと、つまり、スカンディナビア半島やユトランド半島に住む北方のゲルマン人のことで、なかでもデンマークに住む人びとはデーン人とよばれました。アングロ・サクソン人の侵入から四〇〇年ばかりあとのことです。

ロンドン周辺は八四二年に、最初のヴァイキングの襲撃を受けました。このためロンドン周辺の人びとは、ローマ時代のロンディニウムの城壁内に移住するようになります。

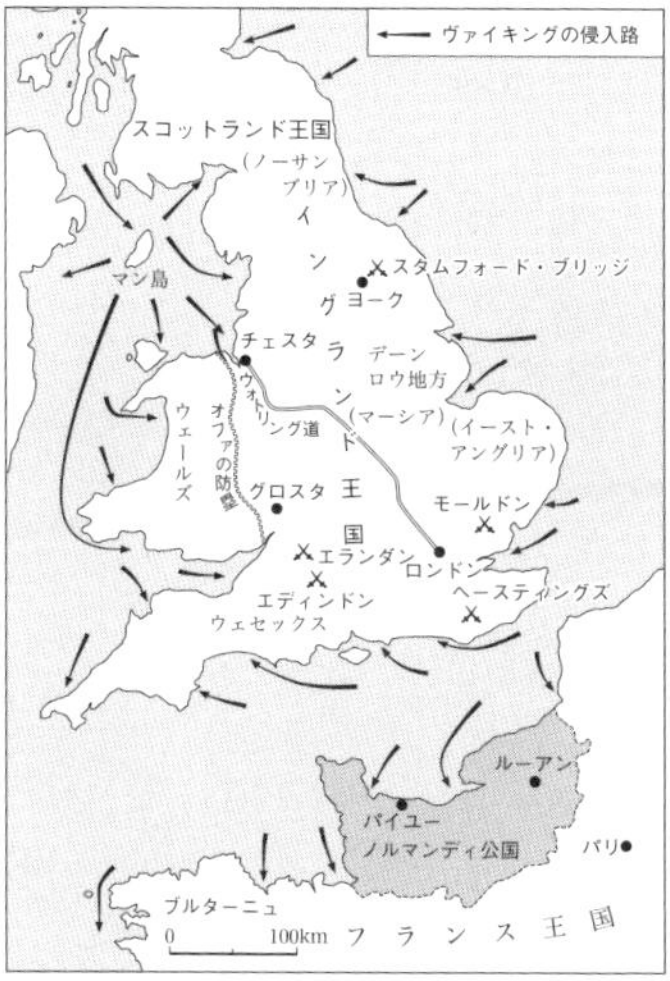

ヴァイキングの侵入（今井宏『ヒストリカル・ガイド　イギリス［改訂新版］』山川出版社、二九ページ）

ヴァイキングは襲撃・略奪《りゃくだつ》をくり返すだけでなく、やがて定住するようになりました。ヴァイキングは海賊ともいわれますが、多くは商人や職人、農民でした。イングランドのラグビーやダービーなど、末尾に「村」を意味する「ビー（be）」がつく地名は、ヴァイキングの集落の名前です。イングランドは、休戦のためにヴァイキングに銀貨を支払うなど、平和共存の道をとりました。

一〇一六年、デンマークのヴァイキングであるクヌートは、イングランドに侵攻して勢力を拡大、イングランド王となりました。彼はまだ二〇代でした。一〇一八年には、兄の死によりデンマーク王も兼ねることになります。さらに、ノルウェーやスウェーデンにも勢力を拡大し、一〇二八年にはノルウェー王も兼ねました。

クヌートは三国の王となり、ここに北海を囲む広大な「北海帝国*」が成立しました。イングランドは、ヴァイキングの王国の一つとして、その勢力下におかれたのです。

Q4 アルフレッド大王は何をした人ですか。

A4 イギリスの歴史の中で唯一「大王《グレート》」とよばれるのが、ウェセックス王のアルフレッドです。彼はヴァイキングとの激戦をくり返しました。八七

＊……クヌートは一〇三五年に四一歳で死去。その後継者争いもあり、北海帝国は一〇四二年に崩壊した。

アングロ・サクソン七王国

八年にはエディントンの戦いで勝利し、八八六年にはロンドンを奪回します。

しかしヴァイキングを全面的には撃退できなかったため、平和共存の道を選び、ヴァイキングと休戦協定を結びました。ヴァイキングの支配地域をイングランドの北東部に限定し、自分が支配する地域はウェセックスをふくむイングランドの南半分としたのです。

その後、彼の後継者たちがヴァイキングから土地を取り戻すと、アルフレッドはイングランド統一*の礎《いしずえ》を築いた王として「大王」とよばれ、さまざまな伝説的逸話《いつわ》が生まれました。たとえば、こんな話です。戦いで命《いのち》からがら農家に逃げ込んだ王は、農婦にケーキ番を頼まれました。しかし考えごとをしていた彼は、ケーキを焦《こ》がしてしまい、ひどく怒られます。あとで農婦が王と知り、許しを請《こ》うと、彼は悪いのは自分だといって立ち去ったという、「焦げたケーキ」のエピソードです。

アルフレッドは勇猛果敢《ゆうもうかかん》なだけでなく、学問と教育にも熱心だったといわれます。当時の人びとは、王でさえ読み書きができませんでしたが、彼は四〇歳でラテン語を学び、学校をつくって臣下とその子どもに学問をすすめ、時間を有効に使うように時計**を発明したと伝えられます。

ケーキを焦がして怒られるアルフレッド（ドイル『イングランド年代記』より）

＊……アゼルスタン王（在位九二四〜九三九年）が統一王国を自認して「イングランド王」を自称するが、統一の完成期はエドガー王（在位九五九〜九七五年）のときである。

＊＊……ろうそくが一定の時間で燃えることを利用した火時計といわれる。

Q5 「バイユーのつづれ織り」とは何ですか。

A5 バイユーは、北フランスのノルマンディー地方の都市。そのノートルダム大聖堂に保存されていた布のことです。実際は「つづれ織り（タペストリー）」ではなく、布に刺繍《ししゅう》をした絵画です。長さ約七〇メートル、幅五〇センチの細長い麻布《あさ》に、*みごとな絵と文字がびっしりと、茶、黄、青などの毛糸で刺繍されています。

描かれている内容は、一〇六六年のノルマンディー公ギョーム二世によるイングランド征服、いわゆる「ノルマン人の征服（ノルマン・コンケスト）」。勝**利者による戦いの記録です。

九一一年、ヴァイキング、すなわちノルマン人の首領***ロロは、現在のフランスにあたる西フランクの王から、セーヌ川河口の地域をあたえられました。そこはノルマン人の国「ノルマンディー」とよばれるようになり、ロロの後継者はノルマンディー公を名乗ります。ギョーム二世はロロから数えて六代目の後継者で、イングランド王位****の継承《けいしょう》を求めてイングランドに侵攻しました。

「ノルマン人の征服」の史料は乏《とぼ》しく、くわしいことはわかりません。しかし刺繍*****には、六二三人の人物とともに征服の過程が描かれており、当時の武器

*……ロマネスク美術の絵画。立体的な描写を見慣れた近代人にとって、当初この絵の評価は低かった。

**……ギョーム二世の異父弟であるバイユーの司教の命令でつくられたとされる。かつてはウィリアムの妃マティルダの作品とされていた。

***……九世紀末からセーヌ河口に定着し、北フランスで略奪をおこなっていた。

****……イングランドではクヌートの死後、エドワード王が即位し、ウェセックス王家が復興した。エドワードの死後、義兄のハロルドが即位する。ギョーム二世はエドワードの遠縁にあたり、ノルマン側の史料では、エドワードから王位継承の約束があったとされる。

*****……二〇一八年一月、フランスはイギリスへの貸与を検討中、と発表された。これに対し、イギリスはロゼッタ・ストーンの貸し出しを検討しているという。

******……刺繍に描かれたヘースティングスの戦いの場面は、世界史の教科書などにも載っており、有名。

や軍船、城や戦術などを知ることができます。実際に上陸したノルマンディー軍は七〜八〇〇〇人といわれ、ノルマンの騎馬軍団とイングランドの歩兵軍との激戦のようすはリアルです。

　勝利したギヨーム二世はウィリアム一世として即位し、イングランドにノルマン朝が成立します。しかし彼はノルマンディー公としてフランス王の臣下でもあり、本拠はあくまでも北フランスのノルマンディーでした。イングランド各地の領主となったノルマン貴族も同様です。こうして、フランス語を話し大陸と行き来する者がイングランドの支配者となり、フランス文化が浸透するようになりました。

*******……アングロ・サクソン人の抵抗をおさえ、没収した彼らの土地を、部下のノルマン人にあたえた。そのかわりに王への軍役奉仕をさせた。これが、イングランドにおける封建社会の成立ととらえられている。

バイユーのつづれ織りに描かれたヘースティングスの戦い

4 中世の時代

さまざまな民族が大規模に侵入した時代は、ノルマン人による征服を最後に終わりました。これ以降、イングランドではケルト、アングロ・サクソン、ノルマンの諸民族が融合《ゆうごう》し、ケルト系の住民が多いウェールズ、スコットランド、アイルランドでは独自の歴史が展開されることになります。

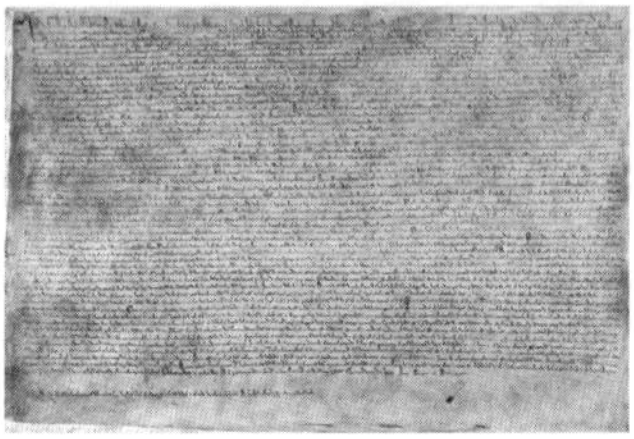

マグナ・カルタの証明つき謄本

Q1 「マグナ・カルタ」とは何のことですか。

A1 イングランド王のなかでもっとも評価が低いのが、ジョン王です。彼はフランス王フィリップ二世によって大陸*の広大な領地の大半を奪われ、ローマ教皇とは対立して破門されます。さらに、失われた領地の回復をめざしますが、戦争のための重税は人びとの反発をかい、とくに貴族の不満は大きく、

＊……ジョン王の父ヘンリ二世は、フランスのアンジュー伯アンリ。母親がヘンリ一世の娘だったことから、イングランド王ヘンリ二世として即位した。イングランドとフランスに広大な領地をもち、結婚によってフランスの領地をさらに増し、フランスのほぼ西半部を領有していた。

王を君主として認めないという宣言まで出した貴族もいます。

一二一五年六月一五日、このジョン王に、ウィンザー城に近いテムズ河畔《かはん》の**ラニミードで貴族と都市の代表が認めさせた取り決めが、「***マグナ・カルタ（大憲章）」です。一二一五年の原文は現存せず、写しとされる四通が残されています。しかしジョン王は、こののち八月にマグナ・カルタを否定し、翌年亡くなりました。息子の****ヘンリ三世の即位の際には、内容が改定、再公布され、貴族との関係が修復されました。さらに三回改定されています。

マグナ・カルタは今日では六三カ条ありますが、貴族の要求を列挙した文書にすぎませんでした。内容は、狩猟《しゅりょう》林に関する規定など多岐にわたり、王の徴税《ちょうぜい》権の制限や、教会や都市の自由、不当な逮捕の禁止などもあります。その後、内容はしばしば再確認されましたが、実際の政治ではほとんど役割を果たしませんでした。

しかし一七世紀、マグナ・カルタは、*****国王と対立した人びとの主張のよりどころとなります。そしてこの文書は、王も法を守らなければならないとして、王の権限に制限を加えたという点で、のちの立憲主義の礎《いしずえ》を築いたと位置づけられました。今日、まとまった成文憲法のないイギリスでは、マグナ・カルタは憲法の一部とされていますが、多くの条文は現在では通用しないものとなっています。

**……ラニミードの川中には「マグナ・カルタ島」があり、ここでジョン王が署名したともいわれる。

***……ラテン語で「大憲章」という意味だが、「マグナ（大）」がつくのは内容のためではない。のちに一部が別の勅許状（カルタ）に移されたあと、残された部分が多かったことから、こちらが「大」と称された。

****……ヘンリ三世は九歳で即位し、実際の政治は後見する貴族たちの摂政団にゆだねられた。

*****……このためマグナ・カルタは理想化され、理論体系をもち時代を先取りした画期的文書であるかのように解釈されることになった。

Q2 カンタベリーが信仰の中心地だったのですか。

A2 ロンドンから東へ一〇〇キロメートルほどのカンタベリーに、巨大なカンタベリー大聖堂があります。ローマ人が住みつく以前からキリスト教の教会があったとされ、六世紀にローマ教皇の命令でイングランドの布教に訪れたアウグスティヌス（↓18ページ）が活動の拠点としたことから、イングランド全体を統括《とうかつ》する大司教座がおかれました。

英語のcathedralは日本語で「大聖堂」と訳されますが、単に大きな教会という意味ではなく、本来は教区における「司教座（司教専用の椅子《いす》）がある教会堂」を意味します。中世のキリスト教世界では、信徒は家の近くの、司祭がいる教区教会堂に通いました。そして複数の教区教会堂を司教区として司教が統括しました。司教区の中心となる教会堂が「大聖堂」です。アウグスティヌスが大司教に任命されると、カンタベリーに司教座*がおかれました。

その後カンタベリーは、一二世紀に大司教トマス・ベケット**が大聖堂で殉《じゅん》教《きょう》したことから巡《じゅん》礼《れい》地としての価値を高め、ヨーロッパじゅうから信徒が訪れました。血のついた衣服や墓にまつわる奇跡が、巡礼者をひきつけたのです。イングランドのカトリック教会最高位のこの教会は、一六世紀にはイングラン

カンタベリー大聖堂

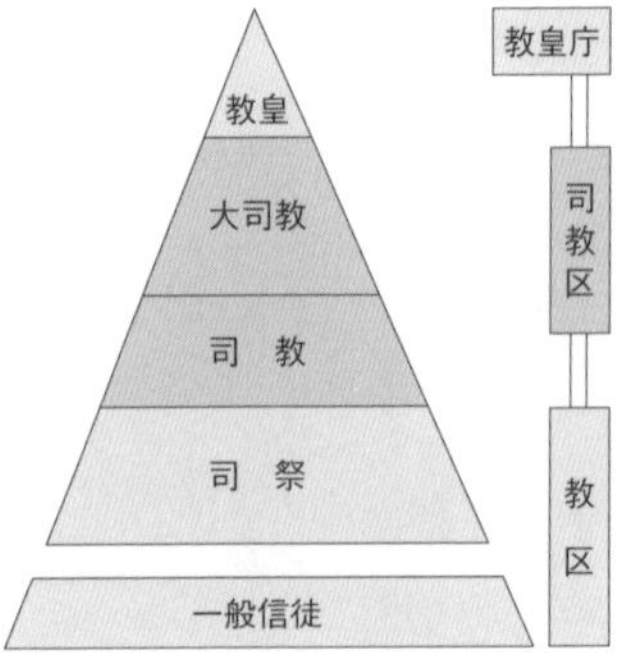

教会のヒエラルキー

ド国教会の総本山へと変わります。

一四世紀の作家***ジェフリー・チョーサーの『カンタベリー物語』は、ロンドンの宿屋で出会った騎士、修道士、粉屋、貿易商、学生、法律家、医者、料理人など各階層の約三〇人の巡礼者がそれぞれに物語る設定の物語です。

Q3 ロビン・フッドは実在の人物ですか。

A3 イングランド中部に広大なシャーウッドの森があります。この森に住む弓の名人ロビン・フッドは、陽気な仲間を引き連れ、悪い役人などをこらしめ貧しい人びとを救った「義賊《ぎぞく》」として、イギリスでよく知られています。

しかし、彼は伝説上の人物です。伝説のもとは一三世紀ごろ、おそらくいろいろな人物に関する物語を*吟《ぎん》遊《ゆう》詩人がまとめ、一四世紀後半には歌物語としてイングランドじゅうに広まっていたようです。

ロビン・フッドは、古いものではノルマン人に抵抗するサクソン人の農民として、のちにはノルマン人に領地を奪われた貴族として、あるいは一二世紀にリチャード一世の十字軍遠征中にジョン王の暴政に抵抗した人物としてなど、さまざまに描かれました。現在知られる彼のイメージは、一九世紀初めの小説**『アイヴァンホー』によるものです。

*……英語のcathedralの語源はギリシア語の「座席」。大聖堂には大理石製の司教座があるが、一三世紀につくられた複製品とされる。

**……トマス・ベケットは、教会の力を弱め、王権を強めようとする国王ヘンリ二世と対立し、王の家臣によって殺された。

***……チョーサーはおそらくロンドンの人で、三代の国王の宮廷につかえた。『カンタベリー物語』は中世の英文学の傑作といわれる。

◆映画『ベケット』（一九六四年、ピーター・グレンヴィル監督）ジャン・アヌイの戯曲の映画化。ヘンリ二世とトマス・ベケットの親交と対立を描く。

*……詩や物語のような歌をうたう人。中世の騎士道文化の担い手。

ロビン・フッド（一九二二年のアメリカ映画のポスター）

ロビン・フッド物語が広まった一四世紀は、百年戦争（↓34ページ）やペスト（↓35ページ）が大流行した危機の時代でした。また、領主のもとで身分的自由のない農奴《のうど》のなかから、土地を手に入れ、身分的にも自由な農民***があらわれました。力を得た農民たちは、領主やその手先の役人に公然と反抗し、ワット・タイラーの乱（↓36ページ）など激しい一揆がおきました。ロビン・フッドは、民衆にやさしく、領主の不当な支配とたたかう、当時の農民の期待を反映した人物像だったのです。

ロビン・フッドの物語は、くり返し小説や映画、ドラマ、ディズニーや日本のアニメになっています。なぜ、いつ、どこでこんなに人気があるのか、悪役はどんな人なのか、あなたも探ってみてください。

Q4 オクスフォード大学は、ヨーロッパでいちばん古い大学ですか。

A4 いいえ、違います。イギリスでは最古の大学ですが、イタリアのボローニャ大学の設立が一〇八八年、つづいてパリ大学、三番目がオクスフォード大学です。正式な創立年は一一六七年とされ、この年に大学の基礎がつくられました。

オクスフォード大学は、パリ大学を模範《もはん》として、聖職者の養成を目的に設立

**……作者はスコットランドの小説家・詩人、ウォルター・スコット。一二世紀のイングランドを舞台に、ヘンリ二世の息子のリチャード獅子心王と、伝説の義賊ロビン・フッドが登場する。

***……貨幣経済が進展するなか、ペストの大流行により農奴が不足、百年戦争やバラ戦争で貴族が没落し、農奴が自立した。

◆映画『ロビン・フッド』（一九九一年、ケヴィン・レイノルズ監督）主演ケヴィン・コスナー。キリスト教徒がイスラム教徒と戦った十字軍の時代が舞台。ムーア人のイスラム教徒が準主役となっている。

されました。したがってかつては、イングランド国教会の男性信徒でなければ、教員や学生にはなれませんでした。女性に門戸《もんこ》がひらかれるのは、一九世紀になってからのことです。大学設立の背景には、人びとの読み書き能力と学問の発達がありました。

大学は、約四〇の独立した「コレッジ（カレッジ）」で構成され、その総称が「オクスフォード大学」です。コレッジとは、住み込んで学問をする学寮《がくりょう》です。学生[*]がかならずどこかのコレッジに所属することが、この大学の大きな特徴です。神学の大学のため、ギリシア語やラテン語などの古典語や哲学を学び、授業は個人やごく少人数での対面授業が基本でした。

イングランドでは、オクスフォード大学とケンブリッジ[**]大学が伝統と特権的な地位をもちますが、スコットランドでは、セント・アンドルーズ大学が一四一三年創設の最古の大学で、経済学で有名なアダム・スミスがいたグラスゴー大学は一四五一年の創立です。国教会の影響下にないスコットランドの大学では、自然科学が発達しました。

また一九世紀以降、産業の近代化を支えるためにマンチェスターなどの都市に設立された大学は、校舎に赤いレンガが使用されていたことから、「赤レンガ大学」の愛称でよばれます。

*……最近まで教員も、どこかのコレッジに所属していた。

**……ケンブリッジ大学は、町の人びとと対立したオクスフォードの学者たちがケンブリッジに移り、教育活動を開始したのが起源とされ、公式の創立年は一二〇九年である。

オクスフォード大学のオール・ソウルズ・コレッジ

Q5 「スクーンの石」とは何ですか。

A5 スクーンは、スコットランド王国の前身であるアルバ王国が、九世紀*の半ばに都と定めた地で、スコットランドのほぼ中央にあります。現在のパース近郊で、現代のスクーンと中世のオールド・スクーンに分かれています。

「運命の石」**ともよばれる石は、アルバ王国の前身のダルリアダ王国で、王位継承の儀式の際に王が座る石でした。縦六六センチ、横四二センチ、高さ二八センチ、重さ一五二キロの砂岩の石は、スクーン城内の庭園の一角に運び込まれ、以後スコットランドの王はこの石の上に座って戴冠《たいかん》式をおこないました。

一二九六年、イングランド王エドワード一世はスコットランドを侵略し、この石を戦利品として持ち去りました。石はロンドンのウェストミンスター寺院にあるイングランド王の戴冠式用の木の椅子に、外から見えるように組み込まれます。以後、歴代のイギリスの国王や女王は、この椅子で戴冠式をおこないました。それは、スコットランドはイングランドの支配下にある、王は二つの王位を継承したという宣言となりました。このスコットランドへの侮辱《ぶじょく》は激しい抵抗をよび、ウィリアム・ウォレス***らによって独立戦争が開始されます。

一九五〇年、スコットランドの若い民族主義者たちがこの石を盗む事件がお

*……九世紀の中ごろ、スコット人とピクト人の統合につくしたケネス一世は、スクーンへ都を移し、石も運ばれた。

**……「運命の石」という名称は、初期のキリスト教伝道師聖パトリックの予言伝説（石がおかれている土地の支配者にはダルリアダ王家の子孫がなる）とかかわって、一九世紀以降使われるようになった。

***……スコットランドで英雄とされるウィリアム・ウォレスは、一三〇五年に捕らえられ、反逆者として残虐な死刑に処せられた。
一三〇六年、ロバート・ブルースがスクーンでロバート一世としてスコットランド王に即位する。彼はバノックバーンの戦い（一三一四年）でエドワード二世を破り、スコットランドの独立を達成する。しかし、ロバートの死後、スコットランドの政治は混乱し、イングランド王エドワード三世の干渉を受けた。
ロバートの血統をひくのがステュアート家で、現在のイギリス王室にもつながる。

きました。石の奪還をスコットランド独立の象徴としていたようですが、四カ月後に発見され回収されました。

イングランドによるスコットランド侵略から七〇〇年後の一九九六年、ジョン・メージャー政権によって石はスコットランドに返還され、エディンバラ城内に安置されることになりました。スクーン城のかつて石がおかれていたとされる場所には、現在レプリカがおかれています。

ウェストミンスター寺院におかれていたスクーンの石

◆映画『ブレイブハート』(一九九五年、メル・ギブソン監督・主演)ウィリアム・ウォレスの生涯を描いた歴史映画で、エドワード一世はスコットランド征服をねらう悪役となっている。

5 大陸国家から島国へ

百年戦争におけるクレシーの戦い（フロワサール『年代記』写本のさし絵）

イギリスは、かつては大陸にも領土をもつ大陸国家でした。その領土を失い島国になると、ブリテン島を一つのまとまった国に統一する動きが強まりました。イングランドはウェールズとスコットランドに勢力を拡大し、フランスとの戦争もおこないました。

Q1 イギリスの王太子はなぜ「プリンス・オブ・ウェールズ」とよばれるのですか。

A1 ウェールズ*はブリテン島南西部にある地域です。ほとんどが山地で、アングロ・サクソン人に追われた先住民ケルト人が住みついた土地とされています。いくつもの小国に分かれていましたが、一三世紀の中ごろ、ルウェリン・アプ・グリフィズがウェールズの大半を支配しました。

＊……ウェールズWalesは、古英語で「よそ者・外国人」を意味した。形容詞形のWelshと同じつづりの動詞のwelshは、ウェールズ人を侮辱する内容をもつ。地質学で使われる「カンブリア」はウェールズのラテン語名。

彼は「プリンス・オブ・ウェールズ」、すなわち「**ウェールズ大公」の称号をイングランド王から認められます。しかしルウェリンはイングランド王エドワード一世と対立しました。結果として、エドワード一世が軍事力で圧倒して、***ウェールズ全土を支配下におき、カーナヴォンなどの城塞《じょうさい》を築きました。

エドワード一世は、自分が新しい「大公」になることもできましたが、ウェールズ人の反発が予想されました。ウェールズ人が「大公」として受け入れるのは、ウェールズ生まれで、英語を話さず、罪を犯したことがない者だったのです。一二八四年四月二六日、エドワード一世はカーナヴォン城にウェールズの貴族たちを集め、前日にこの城で生まれたばかりの息子を、大公として紹介したといわれます。

この赤ん坊がのちのイングランド王エドワード二世となりました。この故事が伝承されて、歴代のイングランドの王太子は「ウェールズ大公（プリンス・オブ・ウェールズ）」の称号を名乗り、****叙任式もカーナヴォン城でおこなわれることになりました。

紅茶の「プリンス・オブ・ウェールズ」は、二〇世紀の初めにおしゃれで知られた王太子（のちのエドワード八世）のために考案されたブレンドです。

**……貴族の筆頭はDukeで公爵である。イギリスではさらに上の称号がPrinceまたはGrand dukeと表現され、日本語では大公と訳される。

***……ウェールズは一六世紀に「合同法」によってイングランドに併合される。

ルウェリンの処刑。右上がエドワード一世

****……一九六九年、チャールズ王太子の叙任式は、ウェールズの民族主義者の反対運動に直面した。そうしたなか、王太子はウェールズ語で演説し、感動をよんだという。

Q2 百年戦争は一〇〇年間もつづいたのですか。

A2 一般に、百年戦争とは、一三三七年から一四五三年までつづいた一〇〇年あまりの英仏間の戦争をいいます。しかし、この間絶え間なく戦争がおこなわれていたのではなく、何回も和平交渉がおこなわれ、長い休戦期間もありました。これらをまとめて「百年戦争」とよんだのは一九世紀のことです。

また、英仏間の戦争というと「イギリスとフランス」という国家と国家の戦争ととらえてしまいそうですが、国らしいイギリスやフランスが成立するのは百年戦争後のことです。

戦争のきっかけは、フランスにも領土をもっていたイングランド王エドワード三世が、フランスの王位継承権を主張したことでした。しかし実際のねらいは、大陸で失ったかつてのイングランド王家の領地を回復することでした。経済的にみれば、イングランドにとって羊毛の主要な輸出先であるフランドル地方と、ワインの産地であるアキテーヌ地方の領有権を確保することでした。

百年戦争*ではフランスの領主たちが二派に分かれて戦い、フランスの町や村が略奪・放火され、さらには飢餓《きが》や伝染病が重なり、民衆の犠牲は甚大《じんだい》となりました。戦争の結果、イングランドはカレー**を除く大陸の領土の大半を失い、

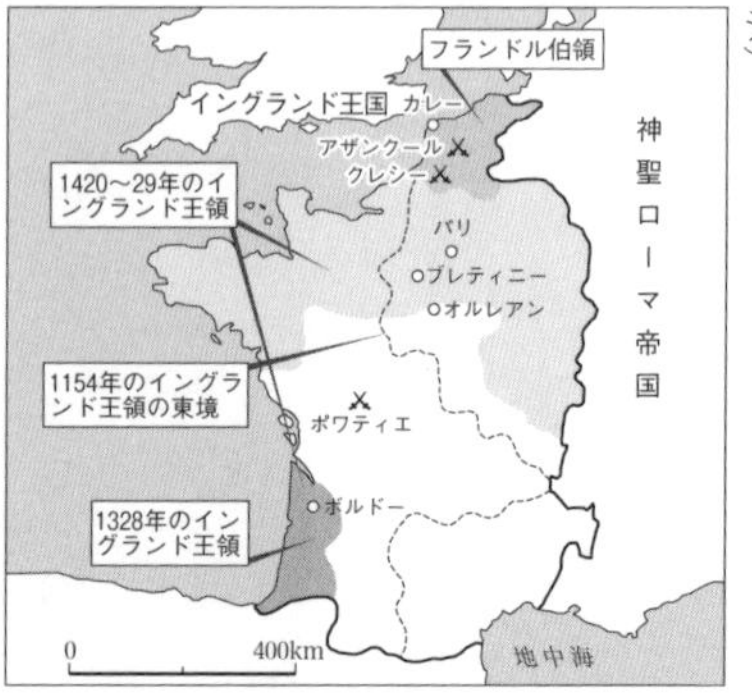

百年戦争の舞台となった地域（東京書籍『新選世界史Ｂ』二〇一八年二月発行、九五ページ）

＊……当初イングランド側に有利に展開したが、イングランド国内の権力争いや財政難、フランスのジャンヌ・ダルクの登場などもあって、イングランドの敗北に終わった。

＊＊……カレーも一五五八年に失い、これ以降イングランドの関心は、ヨーロッパ大陸からアメリカ大陸へむかった。

フランスでは貴族が力を失って国王の権力が強化されることになります。

戦争中、エドワード三世は、軍隊でのフランス語の使用を禁止しました。イングランドではそれまでまだフランス語が使われていましたが、ようやく国王や貴族が英語を話し、学校でも英語が教えられるようになります。こうして中世が終わり、「イギリス人」や「フランス人」という意識が芽生えることになりました。

Q3 ペストの大流行で、どれぐらい多くの人が死んだのですか。

A3 イギリスでは、ペストが一四～一五世紀にかけて、また一七世紀にも大流行しました。もともとペストは中央アジアの風土病で、ネズミとノミが媒介《ばいかい》して人に感染します。死亡率が高く、短期間に皮膚が黒くなって死ぬことから「黒死病」とよばれました。一四世紀のペストの流行は、中国から中央アジア、ヨーロッパ全域にまで広がる大規模なもので、ヨーロッパだけで死者数は二〇〇〇万～三〇〇〇万人と推定されています。*

一三四七年にイタリアに上陸したペストは、またたく間にイングランドにも到達しました。死者のたしかな数はわかりませんが、都市人口は激減し、住民全員が死亡したり逃亡したりして消滅した村もありました。流行は一度だけで

*……当時のヨーロッパの人口は約一億人と推定され、その約四分の一が死亡したとみられる。

なく、小さな流行が何回もくり返されました。一四世紀初めのブリテン諸島の人口は約八〇〇万人と推定されており、死者数はその三割以上とみられます。
人口の激減に直面した領主たちは、なんとかして労働力を確保しようとしました。土地にしばられていた農奴《のうど》**にかわり、高賃金で農民が雇《やと》われるようになります。また、領主のなかには、土地を農民に貸して、地代《ちだい》を徴収《ちょうしゅう》する者も出てきました。一方、人口減によって食料の価格は下落し、耕作地をもつ農民の生活水準は改善されることになりました。
こうした変化のなかで農民が豊かになると、その立場は強まります。領主の不当な要求に抵抗する姿勢が生まれ、農民一揆が増加しました。

Q4 ワット・タイラーの乱はなぜおこったのですか。

A4 ワット・タイラーは、一四世紀末にイングランドでおきた農民一揆の指導者です。彼の生い立ちはよくわかりませんが、名字から、瓦《かわら》職人の子ではないかといわれます。
一揆のきっかけは、領主たちの代表が支配する議会の提案によって、少年だった国王リチャード二世が、百年戦争の戦費のために人頭税*を導入したことでした。

**……領主に土地や労働、法律的にも隷属している農民で、不自由な身分だった。

*……人頭税は、一定の年齢以上の男女すべてに均一に課税をするものである。

農民や都市住民の不満が高まるなか、司祭のジョン・ボールは町や村をまわって、「アダム**が耕《たがや》し、イブが糸を紡《つむ》いだとき、いったい誰が領主だったのか」と説教をしました。そして、神の前で人は平等であること、農奴制の廃止などを主張し、人びとに影響をあたえました。

一三八一年五月、エセックス州からはじまった農民一揆は、ケント州に広がります。六月、ワット・タイラーひきいる農民軍はロンドンを占領し、ロンドン塔に避難《ひなん》していたリチャード二世は、やむなくタイラーら農民軍との会談に応じました。そこで、農民を土地にしばりつけてきた農奴制の廃止や、小作料の軽減などが約束され、多くの農民が満足して村に帰りはじめました。

しかし、ロンドンにとどまったタイラーたちはさらに改革を求め、国王と単独の会見をします。このとき、農民軍から離れて王に話しかけたタイラーを、ロンドン市長が殺害しました。

指導者を失った農民軍は総くずれとなり、国王軍は各州を制圧していきます。各地の指導者は捕《と》らえられ、ジョン・ボールも処刑されました。

しかし、乱のあとも農民のたたかいはつづきます。農奴***解放が進行して自由を獲得した農民は、独立した自営農民となっていきました。

**……『旧約聖書』では、アダムは神がつくった最初の男性、イブは最初の女性である。

ワット・タイラーの殺害（フロワサール『年代記』さし絵）

***……ペストの流行後、農奴制はすでに崩壊過程にあった。ワット・タイラーの乱につづく約一〇〇年間で、イングランドに農奴はほとんどいなくなった。独立自営農民はヨーマンとよばれる。

Q5 リチャード三世の遺骨が発見されたのですか。

A5 リチャード三世は、バラ戦争*の最後に登場するヨーク朝最後の王で、一四八五年のボズワースの戦いで戦死しました。シェイクスピアの戯曲《ぎきょく》『リチャード三世』では、背骨が曲がり、足を引きずって歩く、敵も味方もあざむいて王座を得た、残虐《ざんぎゃく》で凶暴な人物として描かれます。

しかし、肖像《しょうぞう》や同時代の記録などからは、そうした容貌《ようぼう》は確認できません。むしろ、実際のリチャード三世は、背が高く、屈強《くっきょう》な身体だったという説もあります。また、ヨーク朝をひらいた兄王エドワード四世からは絶大な信頼がありましたし、即位に際して二人の甥《おい》（エドワード五世とその弟）をつぎつぎに殺害したという確証もありません。

二〇一二年八月、イングランド中部のレスター市内の駐車場の地下から、一体の人骨が発見されました。記録では、リチャード三世の埋葬《まいそう》場所と一致するところです。頭蓋骨《ずがいこつ》には、戦闘で受けたとみられるいくつもの傷があり、脊《せき》柱《ちゅう》には、背骨が曲がる側弯症《そくわんしょう》がみられました。DNA鑑定の結果、この人骨**はリチャード三世の遺骨と確認されます。頭蓋骨から復元された顔は、強面《こわもて》ではなく、温和な表情でした。

リチャード三世

*……百年戦争後、イングランドの王位をめぐって、王族家系のランカスター家とヨーク家によっておこなわれた内戦。名称は赤バラがランカスター家、白バラがヨーク家の紋章だったことに由来する。

**……遺骨は、調査後にレスター大聖堂に再埋葬された。発掘現場に資料館がある。

シェイクスピアは、彼が生まれ育った時代のテューダー朝***を賛美し、その正統性を強調する歴史劇を書いています。ボズワースの戦いでリチャード三世を倒し、テューダー朝初代の王となったヘンリ七世****は、王家の血統《けっとう》からは遠く、即位には疑問がありました。そのためリチャード三世は、実際とはちがう悪人に仕立てあげられたともいわれます。

また、リチャード三世の肖像画を手がかりに謎《なぞ》を解く『時の娘*****』は、第一級の歴史ミステリーとして有名です。

***……一四八五年から一六〇三年までつづいた、イギリス絶対王政期の王朝。

****……彼は母方からランカスター家の血をひくものの、父方のテューダー家はもともとはウェールズ出身の下級貴族だった。ヨーク派の支持をとりつけるため、ヨーク朝のエドワード四世の娘と婚約し、ボズワースの戦いでヨーク朝のリチャード三世を破り、バラ戦争を終結させた。

*****……イギリスの小説家ジョセフィン・テイによる。

◆映画『リチャード三世』（一九五五年、ローレンス・オリヴィエ監督・主演）シェイクスピアの劇を映画化した作品。

6 一六世紀の繁栄

シェイクスピアの生家

一六世紀はヨーロッパでは、ルネサンス、「大航海時代」、宗教改革の時代となります。イングランドでは、バラ戦争後に成立したテューダー朝、ヘンリ七世からエリザベス一世までの時代です。王は王権を強めて王らしくなり、また、毛織物産業がさかえて、海外進出が本格化しました。

Q1 イギリスでも宗教改革がおこなわれたのですか。

A1 一五一七年にドイツでルターがはじめた宗教改革は、イギリスでもおきました。発端《ほったん》は、ヘンリ八世の離婚*をローマ教皇が認めなかったことです。皮肉にも、王はルターに公然と反論して教皇からほめられていた人物でした。

*……カトリック王の離婚はいくつも先例があったが、教皇は王妃キャサリンの甥である神聖ローマ皇帝カール五世に配慮して、ヘンリの申し出を認めなかった。

ヘンリ八世は、父王の意向により、亡くなった兄の妻キャサリン**と結婚しました。成長した子どもはメアリ（のちのメアリ一世）だけで、ヘンリは男子の後継者を望みました。そのため、離婚してキャサリンの侍女《じじょ》アン・ブーリンと再婚しようとしましたが、教皇はその願いを認めませんでした。

ヘンリ八世は教皇からの絶縁を決意し、一五三四年に、国王をイングランド国教会の最高の首長とする首長法（国王至上法）を制定しました。国内の教会はローマ教皇のもとから独立してイングランド国教会となり、国王が教会の運営や財政、教義を管理することになります。

また、広大な領地をもつ修道院***を解散し、土地・財産を没収《ぼっしゅう》して売却しました。イングランド国教会はプロテスタントの一派ですが、カトリックと教義の対立があったわけではありません。そのねらいは、教会へのローマ教皇の力を排除《はいじょ》し国王の力を強めること、教会財産を没収して財政難を解消することでした。

アン・ブーリンとの間には、女子（のちのエリザベス一世）が生まれました。しかし王は、大逆《たいぎゃく》（君主に逆らうこと）などの罪をかぶせてアンを処刑し、ジェーン・シーモアと結婚、やっと男子（のちのエドワード六世）が生まれます。ジェーンは産後亡くなり、その後、王は三度の結婚をしましたが、子どもは生まれませんでした。

ヘンリ八世

**……カトリック両王とよばれたスペインのフェルナンド二世とイサベル一世の娘。

***……当時イングランド全土の約四分の一が、大小八〇〇あまりの修道院の所有地だった。

◆映画『ブーリン家の姉妹』（二〇〇八年、ジャスティン・チャドウィック監督）一六世紀の宮廷を舞台に、ヘンリ八世の寵愛を受けた姉妹の異なる運命を描く。

Q2 エリザベス一世がロンドン塔に入れられていたというのは本当ですか。

A2 本当です。母親のアン・ブーリンが処刑されると、*嫡子《ちゃくし》として生まれたエリザベスは庶子《しょし》の身分におとされました。父ヘンリ八世の死後は、異母弟のエドワード六世が即位しますが、一五歳の若さで亡くなりました。つぎに即位したのは、キャサリンの娘でエリザベスの異母姉のメアリ一世でした。

　メアリ一世は、母キャサリンと同じカトリック教徒でした。父のおこなった宗教改革を否定し、ローマ教皇の至上権を回復します。イングランド国教会のカンタベリー大主教をはじめ、オクスフォード大学やケンブリッジ大学の神学者など約三〇〇人が**ロンドン塔で処刑されました。このため彼女は「血まみれのメアリ（ブラッディ・メアリ）」とよばれます。

　エリザベスも国教会の信徒ですが、より問題だったのは、メアリ一世の母キャサリンが、エリザベスの母アン・ブーリンのために離縁《りえん》されたことではないでしょうか。異母姉妹、異母兄弟は、王位をめぐるライバル関係にあり、エリザベスは幼少時から命や地位をおびやかされてきました。

　一五五四年、メアリ一世とスペインの王子フェリペの結婚に反対するワイアットの反乱がおきました。指導者は国教会の信徒たちでしたが、エリザベス

エリザベス一世。多くの真珠を身につけ、アルマダの海戦の絵を背にしている

*……嫡子は正妻が生んだ子、庶子は正妻以外の女性から生まれた子。

**……身分の高い人の監獄、処刑場として使われた。

にも嫌疑《けんぎ》がかけられ、ロンドン塔***に幽閉《ゆうへい》されました。

メアリ一世は結婚後、子どもがないまま亡くなります。そして二五歳のエリザベスが即位し、在位期間は半世紀近くにおよびました。彼女のすぐれた政治手腕の背景には、即位までの経験のなかで身につけた思慮《しりょ》深さ、用心深さがありました。

Q3 シェイクスピアの生家が残っているのですか。

A3 ロンドンの北西一六〇キロメートルあまり、エイヴォン川のほとりに小さな町、ストラトフォード・アポン・エイヴォンがあります。ここがウィリアム・シェイクスピア*の故郷です。毎年、彼の誕生日とされる四月二三日に近い週末には、生誕祭が盛大におこなわれます。

町には、一五六四年に生まれたシェイクスピアの生家が残されています。二階建ての、何部屋もある家です。父親は皮手袋の職人として手広く商売をおこない、町長などの職にもついていました。シェイクスピアが書いたもので今日まで伝わるものは、約四〇編の戯曲《ぎきょく》と詩編だけで、日記や手紙の類《たぐい》はいっさいありません。このため、彼の素性《すじょう》や私生活は、くわしくはわからず、謎《なぞ》につつまれています。

***……罪人が投獄されるテムズ川からのトレイターズ・ゲート（裏切り者の門）から入れられた。

◆映画『エリザベス：ゴールデン・エイジ』（二〇〇七年、シェカール・カプール監督）主演ケート・ブランシェット。一九九八年の映画『エリザベス』の続編。エリザベス一世の時代と宮廷文化、アルマダの海戦を描く。

*……劇作家として四大悲劇の「ハムレット」、「マクベス」、「オセロ」、「リア王」をはじめ、「ロミオとジュリエット」、「ヴェニスの商人」などの作品を残した。主にジェームズ一世の時代に活躍。

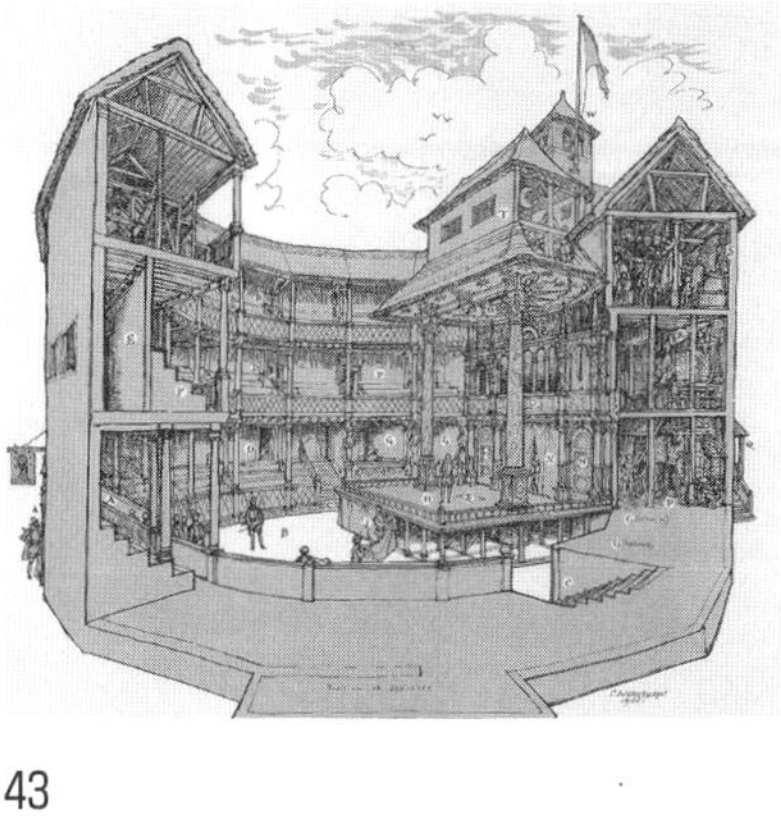

グローブ座の断面図

ロンドンへは俳優として上京したとみられ、宮内《くない》大臣をパトロンとする宮内大臣一座の一五九四年の支払い記録に、シェイクスピアの名前が出てきます。これはおそらく俳優として出演した報酬《ほうしゅう》で、三〇歳前後の彼は戯曲を書きながら俳優業もしていたようです。

大衆演劇が本格化したのは、一六世紀の後半のことです。グローブ座**（一五九九年建造）をみると、当時の劇場は円形の木造三階建てで、張り出し舞台に平土間《ひらどま》をもつ青空天井が特徴でした。芝居の上演は昼の明るい時間、俳優は男性のみで、若い男性が女性を演じていました。

のちにシェイクスピアは故郷ストラトフォードに大きな家や土地を購入、晩年はそこに隠居《いんきょ》し、一六一六年に五二歳で亡くなります。彼の墓は、彼が洗礼を受けたホーリー・トリニティ教会にあり、町の近くにはシェイクスピアゆかりの建物がいくつも残されています。

Q4 キャプテン・ドレイクは海賊ではないのですか。

A4 ドレイクは世界一周をした航海者ですが、一六世紀の後半、西インド諸島や中央アメリカにあるスペイン植民地を荒らしまわった海賊としても知られています。エリザベス一世は、敵対するスペインに打撃をあたえるため、

**……シェイクスピアも株主として運営にかかわった。ロンドンのサウスバンクには、ほぼ元あった場所に復元されたグローブ座がある。

◆映画『恋におちたシェイクスピア』（一九九八年、ジョン・マッデン監督）創作だが、シェイクスピアが生身の人間として描かれ、エリザベス朝時代の劇場をはじめ演劇文化のようすを知ることができる。

◆映画『ヴェニスの商人』（二〇〇四年、マイケル・ラドフォード監督）主演アル・パチーノ、ジェレミー・アイアンズ。ユダヤ人の高利貸シャイロックの描き方に注目。

*……全長約三七メートル、約三〇〇トンの中型の帆船。スペインの報復をさけるために太平洋を横断したドレイクの航海は、マゼランの部下に次ぐ二回目の世界一周となる。

スペインの町や船をおそって財産を掠奪《りゃくだつ》することを認める「私掠特許状」を彼にあたえていました。

一五七七年一一月、ドレイクは五隻《せき》の船団でプリマスを出港しました。苦しい航海がつづき、アメリカ最南端をまわって太平洋に出たときには、旗艦《きかん》*ゴールデン・ハインド（金の雌《め》ジカ）号一隻になっていました。ドレイクは太平洋岸を北上し、つぎつぎとスペインの植民地や船をおそいます。そのなかには、スペイン王の財宝を満載《まんさい》していたカカフエゴ号もありました。

ドレイクは太平洋を横断し、アフリカ南端をまわって帰国します。持ち帰った莫大《ばくだい》な財宝は女王に献上され、女王はゴールデン・ハインド号を訪れて、ドレイクにナイト（騎士）の称号をあたえました。ドレイクはプリマスの市長となり、さらに国会議員にもなります。

一五八八年、スペインはエリザベス一世の打倒とイングランド征服をめざし、総数一三〇隻の艦隊**（アルマダ）を送ります（アルマダの海戦）。これに対するイングランドの艦隊は一九七隻といわれますが、正規の軍艦はわずかで、あとは民間からかき集めた船で構成されていました。このときドレイクは艦隊の副司令官として、火をつけた船でスペイン艦隊をおそわせるという奇策をとり、スペインに大打撃をあたえました。

ゴールデン・ハインド号のレプリカ（ロンドン）

**……このスペイン艦隊を「無敵艦隊」とよぶのは、日本だけのようである。「La Armada Invencible（無敵艦隊）」の呼称は、スペイン海軍大佐ダロによるこの戦いについての論文（一八八四年）のタイトルだけとされる。

Q5 「羊が人を喰《く》う」とは何のことですか。

A5 羊をイングランドに最初に持ち込んだのはローマ人といわれます。イングランドの自然環境が羊の生育に適していたのでしょうか、牧羊《ぼくよう》はイングランドに根づき、一〇世紀ころには羊毛が重要な輸出品となっていました。当時、羊毛を加工する毛織物業の中心地は、ブリテン島対岸のフランドルと北イタリアでした。

イングランドの羊毛の輸出は、王室財政を支える国家的な事業となります。一三三七年、エドワード三世は二つの法令を出しました。一つは羊毛の輸出禁止、もう一つは羊毛加工製品の輸入禁止です。つまり、羊毛そのものよりも利益の大きい羊毛加工品を製造し輸出せよ、とのことでした。このため、イングランドから羊毛を輸入し加工していたフランドルは、大打撃を受けました。

一五世紀末になると、イングランドの領主や地主は、農民の畑や共有地をとりあげて柵《さく》で囲い、羊のための牧草地にしていきます。毛織物産業がさかんになり、原料の羊毛の価格が高騰《こうとう》したからでした。土地を奪われた農民は都市に流れ込み、都市では貧民《ひんみん》の増加や犯罪など、社会問題が深刻になりました。農民よりも、利益になる羊が大切にされたのです。

トマス・モア（ハンス・ホルバイン画）

議会はこうした「囲い込み（エンクロージャー）」の禁止を決議しますが、効果はありませんでした。貧困が切実な問題となり、一六〇一年には救《きゅう》貧《ひん》法（→129ページ）が制定されます。ヘンリ八世につかえた政治家の*トマス・モアは、『ユートピア』という本のなかで、この状況を「羊が人を喰《く》う」という言葉で告発しました。

*……学者でもあるトマス・モアは、ヘンリ八世のもとで官僚最高位の大法官となる。しかし、ヘンリ八世の離婚に反対して投獄され、反逆罪で処刑された。

◆映画『わが命つきるとも』（一九六六年、フレッド・ジンネマン監督）ヘンリ八世と対立して処刑されたトマス・モアを描く。

7 革命の時代

一七世紀のイギリスは、内乱、共和政、王政復古、名誉革命など、政治の混乱がつづきました。ただし、革命とはいっても、のちのアメリカ独立革命やフランス革命とはだいぶちがいます。
ペストの流行やロンドンの大火事もありました。アイルランドとスコットランドは、強大なイングランドの支配下におかれていきます。

チャールズ一世の処刑

Q1 国王が死刑になったのですか。

A1 一六〇三年、未婚で子どもがいなかったエリザベス一世が没《ぼっ》すると、スコットランド王がイングランド王として迎えられ、*ジェームズ一世となりました。彼は**王権神授説をとなえて議会を軽視し、イングランド国教会との結びつきを強め、重税政策をとります。つぎのチャールズ一世も父の政策を受

*……スコットランド王ジェームズ六世として即位していた。エリザベス一世と同じテューダー王家の血を継いでいた。

**……国王の権力は神によって授けられたとする、絶対王政を支えた政治理論。

け継ぎ、議会と対立しました。議会は国王に権利***の請願《せいがん》を提出しますが、国王は一方的に議会を解散し、以後一一年間も議会をひらきませんでした。

そこにスコットランドで反乱がおきました。チャールズ一世による国教会の強制に反発****してのことでした。一六四〇年、国王は戦費調達のためにやむなく議会をひらきましたが、議会は国王批判の場となり紛糾《ふんきゅう》します。つづいてアイルランドでも、カトリック教徒が反乱をおこします。イングランド議会は国王派と議会派に分裂して、一六四二年に内乱へと突入しました。

戦いは国王派が優勢でしたが、しだいにオリバー・クロムウェル*****らがひきいる議会派がもりかえし、一六四五年のネーズビーの戦いで議会派の勝利が確定します。つづく数年間、王は王権の回復につとめますが、議会派に捕《と》らえられました。穏健《おんけん》派を追放した議会が国王を裁判******にかけ、「専制君主、反逆者、殺人者、国家に対する公敵」として死刑を宣告しました。

一六四九年一月三〇日、ロンドンのホワイトホール宮殿の外に設営された処刑台で、国王チャールズ一世が処刑されました。極寒《ごっかん》のなか、斧《おの》で王の首が切り落とされ、遠くの群衆にもみえるように首が高くかかげられました。

議会の裁判を受けて公開処刑された国王は、イギリス史上、最初で最後です。

***……一六二八年。議会の同意なく課税しないことや、国民を不当に逮捕・投獄しないことを王に求めたもの。貴族の権利を守るものだったマグナ・カルタが、国民の権利を守るものとしてよみがえった。

****……スコットランドでは一六世紀、カルヴァン派の流れをくむ長老主義の教会が成立していた。

*****……ピューリタンの厳格な規律をもつ鉄騎隊を組織し、議会派軍の中核として戦った。

******……特別法廷の裁判員は一三五人、うち判決に出席したのは約六〇人。死刑執行命令に署名したのは五七人だった。

Q2 「クロムウェルの呪《のろ》い」とは何のことですか。

A2 国王を処刑した議会は、王政と貴族院を廃止し、イングランドは王国から共和国*となりました。しかし、内戦は終了したものの、対スコットランド、対アイルランドの戦いはつづいており、政権強化のためには両国への遠征が必要でした。

一六四九年、クロムウェルを総司令官とするアイルランド遠征がおこなわれ、翌年にはスコットランド遠征がおこなわれます。アイルランドに上陸した二万人の軍は、女性や子どもまでふくむ住民虐殺《ぎゃくさつ》や、兵士に対する残虐《ざんぎゃく》行為をおこないました。プロテスタントがカトリックに多数虐殺された、といううわさが利用されたのです。この残虐行為は「クロムウェルの呪《のろ》い」として、消すことのできない憎《にく》しみをアイルランド人に残しました。

アイルランドでクロムウェルは、カトリックの教会を破壊し、カトリック教徒の土地を没収《ぼっしゅう》して、イングランドの地主や商人、従軍兵士たちに分配しました。兵士は土地の権利を売ってイングランドに帰りました。新しい地主もイングランドにいる者が多く、不在地主**になりました。そしてそこに、スコットランドやイングランドからプロテスタントが続々と移り住みました。

＊……君主国に対して、主権が国民にあり、一般には国民の意志にもとづく政治がおこなわれる民主的共和制の国をさす。

風刺画に描かれた王としてのクロムウェル

＊＊……所有地に居住しない地主。

土地を奪われたアイルランド人は、小作人になるか、イングランドやアメリカに移住し、低賃金で働く労働者になるしかありませんでした。その後の王政***復古後も、土地****はほとんど回復されませんでした。クロムウェルのアイルランド征服は、支配者はプロテスタント、被支配者はカトリック教徒という関係を歴史に刻《きざ》んだのです。

Q3 ロンドンが大火事で丸焼けになったのですか。

A3 ロンドンの中心部に「モニュメント（記念碑《ひ》）」という地下鉄の駅があります。この駅名は、近くにある「ロンドン大火《たいか》記念塔」に由来します。六二メートルの塔*の高さは、出火元から塔までの距離を示しています。

大火事は、一六六六年九月二日の未明にパン屋から出火、当時は木造家屋が中心だったロンドンじゅうに火が広がり、まる四日間燃えつづけました。ロンドン**市内（シティ）の約八五パーセントが灰となり、焼失《しょうしつ》した家屋は約一万三二〇〇にのぼります。八七の教会など、市内の主要建築物の大半も焼失しました。一〇万人以上が住まいを失いましたが、死者は一〇人以下だったといわれます。

大火の前年の一六六五年には、ロンドンでペスト***が大流行し、ロンドン人口

***……クロムウェルの死後、一六六〇年に、亡命していたチャールズ一世の子がチャールズ二世として即位し、王政が復活した。アイルランド人地主の復権が期待されたが、プロテスタントの反発へのおそれから、クロムウェルによる土地改革はほとんど変更されず残った。

****……一七世紀前半にカトリック教徒の土地は約六割を占めたが、一八世紀には一割となった。

*……クリストファー・レンとロバート・フックによる設計。レンは火災ののち、セント・ポール大聖堂ほか多くの建築を設計した。

**……当時のロンドンの市街は、古代ローマ時代に建設された市壁とテムズ川に囲まれた狭い範囲を中心に広がっていた。

***……一四世紀にもヨーロッパ全域で大流行した（↓35ページ）。

の約一五パーセントが犠牲になったといわれます。当時は王政復古のすぐあとで、国王チャールズ二世と議会が対立しており、また対外的には第二次イギリス・オランダ戦争の最中でした。このため、大火には放火説が広まり、外国人****などが犯人とされました。

ロンドン再建の中心となったのは、建築家のクリストファー・レンです。彼は防災都市づくりをすすめ、木造建築を禁止し、石またはレンガの建築を推《すい》奨《しょう》する法を整備します。通りの幅を広げ、建物の階数も制限しました。市全体を再開発する都市計画案は、所有権を主張する地主の抵抗で実現しませんでしたが、以後ロンドンは、大火ともペストの流行とも無縁の都市となりました。

Q4 一六八八年の政変は、なぜ「名誉革命」とよばれるのですか。

A4 一六八五年にチャールズ二世が亡くなると、弟のジェームズ二世が即位しました。彼は熱心なカトリック教徒で、カトリック教徒に寛容《かんよう》な政策をとろうとし、異議を申し立てた議会を解散に追い込みます。カトリック化と絶対王政への復帰という危機に直面し、それまで対立していた二大政党のホイッグ*党とトーリー党は、協力して王に抵抗します。

一六八八年、両党は、オランダの統領**でプロテスタントのオラニエ***公ウィレ

****……犯人にはオランダ人や、戦争でオランダを支援していたフランス人が考えられた。放火犯として、フランス人のロベール・ユベールが逮捕され、死刑となった。精神的に問題があったとされる彼の自白だけが根拠だった。のちに、彼が出火時にロンドンにはいなかったことが判明した。

*……議会の権利を主張するホイッグ党は主に都市の商工業者が、国王の権威を重んじるトーリー党は地方の地主が支持した。両党とも、王権を尊重する国教徒で構成されていた。

**……ネーデルラント連邦共和国（オランダ）の国家元首。オラニエ家が統領を世襲したため、実質的に国王と同じ存在だった。

***……英語読みでは「オレンジ公ウィリアム」。

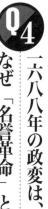

ムに、イングランド遠征を要請します。ウィレムはチャールズ一世の孫であり、ジェームズ二世の娘でやはりチャールズ一世の孫であるプロテスタントのメアリの夫でもありました。

ウィレムが大軍をひきいてイングランドに上陸すると、孤立したジェームズ二世はフランスに亡命しました。翌一六八九年、ウィレムとメアリは、議会がつくった「権利の宣言」を承認して、ウィリアム三世、メアリ二世として、二人****で即位しました。

「権利の宣言」はあらためて「権利の章典」として制定され、国民の生命・財産の保護や言論の自由を認め、議会の王権に対する優越という立憲君主制のルールが定められました。

この一連のできごとを高く評価する人たちは、政変が殺し合いではなく「無《む》血《けつ》」で成功したとして「名誉革命*****（グローリアス・レヴォリューション）」とよびます。しかし、本当にイギリスにとって名誉なことだったでしょうか。政変はオランダ軍の制圧下で展開されたうえ、一六四九年のような国家体制の大変革（革命）はありませんでした。また、カトリック教徒が抵抗したため、「無血」でもありませんでした。フランスに支援されたジェームズ二世はアイルランドに上陸してウィリアム三世軍と戦い、スコットランドでも次項で述べる虐殺事件がおきました。

ウィリアム三世とメアリ二世

****……二人の共同統治となった。また、イギリスとオランダは、ともにウィリアム三世に統治される同君連合となった。

*****……「輝かしい革命」という意味。「名誉革命」はイギリス国内だけでなく、ヨーロッパの国際関係のなかで展開された。オランダはフランスのルイ一四世と対立関係にあり、ルイ一四世は、イングランドとスコットランドの正統な国王であると主張するジェームズ二世を支援していた。

Q5 グレンコーの虐殺とは何のことですか。

A5 スコットランド北部のハイランド（高地）地方には、山や谷、湖がたくさんあります。谷間に住む人びとは昔から、首長を中心に、一族が団結して暮らしてきました。スコットランドでは、王座を追われたジェームズ二世*を支持する勢力が強く、ハイランド地方はその地盤となっていました。

スコットランドの支配を固めるため、イングランドのウィリアム三世は、ハイランド地方の首長たちに、国王への服従を誓う誓約書を一六九二年一月一日までに提出するよう命じました。多くの首長は命令に従いましたが、グレンコー（嘆《なげ》きの谷）のマクドナルド一族の首長マクイアンの誓約書は、大雪のため期限に間に合いませんでした。

イングランドは、他の首長へのみせしめのために、マクドナルド一族を討《う》つことを決定します。政府に従うスコットランドのキャンベル一族を中心とする一二〇人の兵士を、二月の初めに谷に送りました。何も知らない村人は、彼らを家に泊め、客人としてもてなしましたが、到着から一二日目に襲撃《しゅうげき》命令がくだされました。

寝込みをおそわれた首長のマクイアン以下三八人が殺され、雪の山中に逃れ

＊……ジェームズ二世のステュアート家は、もともとスコットランドの王家。名誉革命を認めずジェームズ二世に忠誠を誓う勢力を「ジャコバイト（Jacobite）」とよぶ。ジェームズのラテン名Jacobusに由来し、名誉革命後の政治不安の要因となった。

グレンコー（嘆きの谷）

て凍死した人もいました。しかし犠牲者は村人の一割ほどでした。多くの人が生きのびたのは、非人間的な行為をためらった兵士がいたからといわれます。

このグレンコーの虐殺は、スコットランド全土で怒りをよび、イングランドでも非難の声があがりました。グレンコー村には記念碑がたてられ、事件があった二月一三日には、今でも毎年マクドナルド一族が集まるとのことです。

8 一八世紀のイギリス

『ガリヴァー旅行記』(初版 1726 年)。著者はレミュエル・ガリヴァーと記されている

一七〇七年、イングランドとスコットランドが合同して「グレート・ブリテン王国」が成立します。三〇〇年以上も前のできごとですが、スコットランドにとっては現在の政治問題でもあります。一八世紀、イギリスはフランスと世界各地で対立し、競いながら、大西洋奴隷貿易と北アメリカの開発、アジアとの貿易など、勢力を拡大していきました。

Q1 現在の王室の祖先はドイツ人だというのは本当ですか。

A1 本当です。ウィリアム三世のあと王位を継いだアン女王は、一七一四年に亡くなりました。女王に子どもはいません。一七〇一年の王位継承法では、「ステュアート家の血をひく者」が条件とされており、後継はジェームズ一世の孫、*ハノーファー選帝侯妃《せんていこうひ》となっていたゾフィーでした。しかし、彼

*……ハノーファー選帝侯は、ドイツ北西部ハノーファー公国の君主。選帝侯とは、神聖ローマ皇帝を選ぶことができる諸侯のこと。

女はすでに亡くなっていたため、ゾフィーの長男でハノーファー選帝侯のゲオルクが、ジョージ（ゲオルクの英語名）一世として即位しました。
五四歳で即位したジョージは、英語をほとんど話さず、当然ながら「ドイツ人」です。イギリスを訪れたことも一回**しかありませんでした。彼が王位についたのは、神聖ローマ皇帝を選ぶ資格のある選帝侯よりも格上の、「王」の称号がほしかったからといわれます。また、イギリスとハノーファーとで格段にちがう国力の差もありました。
ジョージ一世はハノーファー***選帝侯も兼ね、一三年近くの在位期間に五度ハノーファーへ帰り、六回目に旅立ったときにドイツで急死しました。彼は政務をほとんどみなかったため、議員で第一大蔵卿《おおくらきょう》のウォルポールが、実質的な首相として政治をおこないました。こうして、行政権は内閣にあり、内閣は議会に対して責任をもつという、議院内閣制が発達します。
現在の王室は、このジョージ一世にはじまるハノーヴァー（英語読み）朝の直系です。一九世紀のヴィクトリア女王の夫アルバートもドイツ人ですので、ドイツとのゆかりは深いといえます。ハノーヴァーの家名****は、第一次世界大戦の際にドイツが敵国となったため、一九一七年にウィンザーに変えて、今に至ります。

ジョージ一世（壁画）

**……訪れたのは、従妹のアン（のちの女王）との破談となった「お見合い」のためだった。

***……ジョージ一世から四代あとのウィリアム四世まで、ハノーファーの選帝侯または王（のちに昇格した）を兼ねていた。

****……ヴィクトリアの死後は、夫アルバートの家名をとって、サクス・コバーグ・ゴータ朝と称していた。

Q2 スコットランドでキルトやバグパイプが禁止されたのですか。

A2 キルト*やタータン、バグパイプは、スコットランドの民族的なシンボルとされています。しかし、キルトの起源は古代や中世ではなく、一八世紀のハイランドの森の作業着が起源とされます。また、氏族ごとに色づかいや格子《こうし》柄《がら》文様《もんよう》がちがうとされるタータンは、一九世紀以前は、場所によって柄がちがうくらいで、氏族のちがいを表してはいませんでした。バグパイプは紀元前からヨーロッパ各地でみられ、スコットランドでは一七世紀にバグパイプの学校が存在したことが知られています。

一七四七年、ジャコバイト（↓54ページ）の蜂起《ほうき》を鎮圧《ちんあつ》した翌年、蜂起の再発をおそれた政府は、武装および衣装禁止法を発布しました。「ジャコバイト」とは、名誉革命で追放されたジェームズ二世とその直系子孫を正統な国王とみなし、王への復位を求めた人たちです。イングランドとスコットランドが合同して「グレート・ブリテン王国」となった一七〇七年の合同**について、スコットランド、とくにハイランド地方の人びとは、それがスコットランドに利益をもたらさなかったと考え、イングランドに不満をもっていました。ジャコバイトの蜂起は、一六八九年から一七四六年の間で五回におよびました。

*……キルトは男性が着用する格子柄（タータン）の毛織物のスカート。バグパイプは皮袋に空気を送って演奏する管楽器。

スコットランドのバグパイプ奏者

**……名誉革命以降、「外国人」ウィリアム三世への反発から、スコットランドではイングランドとの同君連合を見直す動きがあらわれた。イングランドはこの完全合同によって、スコットランドの離反をくい止めた。スコットランドでは、合同はイングランドの国益のためにおこなわれたという感情が、今日までつづいている。

政府は、ジャコバイト軍の中心だったハイランド人の力を弱めるため、彼らの伝統的な氏族制度を解体し、ハイランド地方特有のキルトやタータンの使用を禁止***、バグパイプも戦争****の楽器であるとして演奏を禁止したのです。禁止法は一七八二年まで三五年間つづき、その間キルトはハイランドではみられなくなりました。広まったのは、ナショナリズムが高まった一九世紀の民族衣装ブーム以降といわれます。現在では、ハイランド、ローランドを問わず、催《もよお》し物や儀式で民族衣装として用いられています。

Q3 奴隷貿易でイギリスが大もうけしたのですか。

A3 大西洋の奴隷貿易は、一五世紀にポルトガルがはじめ、一八世紀にはイギリスが中心となります。一六七二年、イギリスの奴隷貿易を独占する王立アフリカ会社が設立され、リヴァプールが最大の奴隷貿易港となりました。有力な奴隷貿易商人が市の要職を占め、市民の多くが奴隷貿易から利益を得、その蓄積《ちくせき》が産業革命に貢献したとされます。

リヴァプールからは、毛織物や綿布、武器、酒、雑貨などを積んだ船が、アフリカ西海岸にむかいました。これらの商品を奴隷と交換し、奴隷をカリブ海の西インド諸島や南北アメリカに運びます。奴隷は、小さな船に四〇〇人、と

***……これに反し、ジャコバイトの反乱の鎮圧に貢献したハイランド人で編成された連隊には禁止せず、双方の対立をあおった。キルトは連隊の制服として使用されつづけ、氏族別タータンとともに軍隊内で発達した。

****……スコットランドでは、バグパイパーとは兵士であり、バグパイプは戦闘時に敵を威嚇し自軍の存在を知らしめるために使われていた。

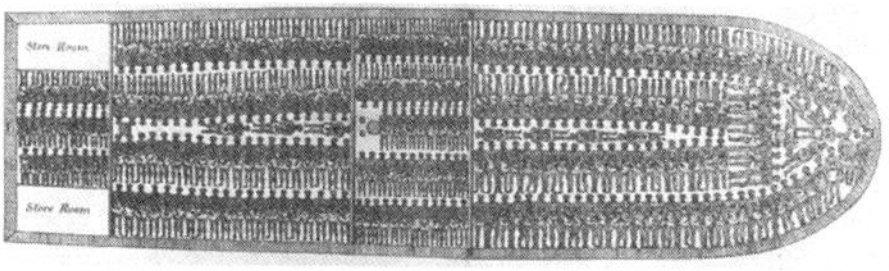

船につめこまれた奴隷

きには八〇〇人も積み込まれ、「黒い積荷《つみに》（ブラックカーゴ）」とよばれました。奴隷船の衛生状態は最悪で、約二カ月の航海中に、当然多くが死亡しました。

船は、西インド諸島や南北アメリカで奴隷を高値で売り、かわりに船倉《せんそう》を砂糖やタバコ、綿花で満杯にして、リヴァプールへ帰還しました。奴隷貿易は莫《ばく》大《だい》な利益をあげるかたわら、人種差別を拡大し、アフリカから労働力を奪って困窮《こんきゅう》させ、伝統的な産業や文化を衰退《すいたい》させました。

奴隷貿易や奴隷制度に反対する声は、奴隷貿易の開始直後からありました。人間の平等をとなえるクエーカー*教徒は、早くから反対運動にとりくみ、一七八七年には、奴隷貿易の廃止をめざすロンドン委員会が、クエーカー以外も参加して設立されます。メンバーのウィリアム・ウィルバーフォース議員は、議会で何度もこの問題をとりあげました。ようやく一八〇七年**に議会で奴隷貿易廃止が可決され、一八三三年には奴隷制も廃止されました。

Q4 『ロビンソン・クルーソー』や『ガリヴァー旅行記』は、子どもむけの本ではないのですか。

A4 どちらも、れっきとした大人むけの小説です。一七一九年に出版された『ロビンソン・クルーソー』は、当時ファン・フェルナンデス諸島*から帰り話題になっていた実在の人物の話をもとに、ダニエル・デフォー**が書いた

*……「フレンド派」ともいう。一七世紀にイギリスで生まれたプロテスタントの一派で、絶対平和主義などを特徴とする。二つの世界大戦では多くの兵役拒否者を出した。

**……二〇〇六年、ブレア首相は、奴隷貿易廃止法の成立から二〇〇年にあたる二〇〇七年を前に、イギリスがかかわった奴隷貿易について謝罪を表明したが、不十分という批判もある。

◆映画『アメイジング・グレイス』（二〇〇六年、マイケル・アプテッド監督）奴隷貿易廃止を訴えたウィリアム・ウィルバーフォースの半生を描く。讃美歌の「アメイジング・グレイス」は、奴隷貿易に従事し、のちに牧師となって奴隷貿易に反対したイギリス人、ジョン・ニュートンによる作詞である。

*……チリの首都サンチャゴ西方の島々で、現在はロビンソン・クルーソー島と名づけられた島もある。

**……（一六六〇〜一七三一年）「英語によるジャーナリズムの父」とされる。活発な政治活動をおこない、政府のために情報収集、情報操作のスパイ網も統括した。二〇〇近いペンネームをもっていたという。

ものです。しかし表紙に著者の名はなく、「彼自身の筆による」と書かれていました。一七二六年に出された『ガリヴァー旅行記』も、著者のジョナサン・スウィフト***は、この原稿はシンプソンという人物がガリヴァー氏からあずかったものだとしていました。

これは、本当とは思えない話を、真実として受け取られるようにするトリックです。『ロビンソン・クルーソー』では日記のように日々の生活が書かれ、『ガリヴァー旅行記』には人間のさまざまな醜《みにく》さが、生々しく描かれました。リアルな描写、リアリズムです。

デフォーは、一八世紀に続々と創刊された新聞****で腕をふるったジャーナリストでした。政治的立場をもち、現場を取材し、できごとをわかりやすい文章で伝えました。司祭で風刺作家のスウィフトも、政治論評を書いています。

活字で読む文学は、一五世紀に印刷・出版が発達して誕生しましたが、ロマンスとよばれる英雄伝説などが主でした。その後、演劇がさかんになりますが、一七世紀後半には衰退《すいたい》します。そして一八世紀の前半、「つくりものではない真実の物語」だとして、『ロビンソン・クルーソー』や『ガリヴァー旅行記』が登場したのです。リアリズムは小説の新しい流れとなりました。

『ロビンソン・クルーソー』初版の扉ページ

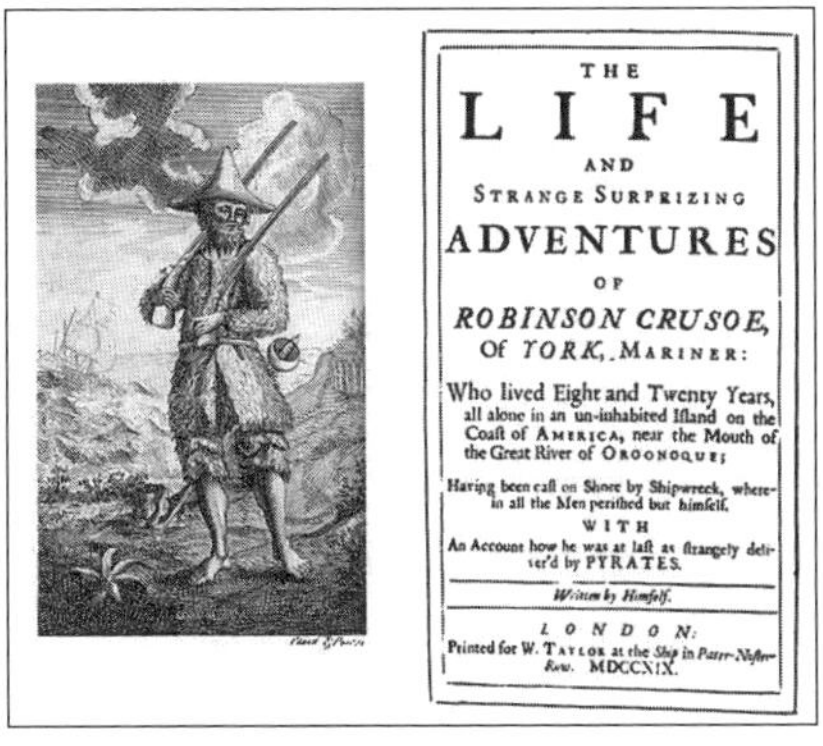

THE LIFE AND STRANGE SURPRIZING ADVENTURES OF ROBINSON CRUSOE, Of YORK, MARINER: Who lived Eight and Twenty Years, all alone in an un-inhabited Island on the Coast of AMERICA, near the Mouth of the Great River of OROONOQUE; Having been cast on Shore by Shipwreck, wherein all the Men perished but himself. WITH An Account how he was at last as strangely deliver'd by PYRATES. Written by Himself. LONDON: Printed for W. TAYLOR at the Ship in Pater-Noster-Row. MDCCXIX.

***……(一六六七〜一七四五年)ダブリンの聖パトリック寺院の首席司祭。イギリスのアイルランド政策に対し風刺的な批判をした。

****……一六九五年の印刷・出版物免許法の失効により、一七一二年までにロンドンだけで一二紙が創刊、一七九〇年には一二一紙となった。

Q5 いつからイギリスで紅茶が飲まれるようになったのですか。

A5 初めてお茶をヨーロッパにもたらしたのは、一七世紀のオランダ人といわれます。この「茶」は、中国茶または日本茶とみられます。茶*を飲む習慣も、オランダからイギリスに伝わり、上流階級に広まったようです。

茶葉は、オランダ東インド会社がアジアから運んだものを輸入していましたが、当時の茶は緑茶でした。一八世紀初めにイギリス東インド会社が買いつけたときも、大半は緑茶でした。イギリスで紅茶の輸入量が緑茶を上まわるのは、一七四〇年代以降のことです。

一八世紀、ロンドンなどの都市では、コーヒーハウスが人びとの社交の場でした。ここで茶が提供され流行になると、中国茶の輸入が増大します。一九世紀には工場労働者**の間でも、紅茶に砂糖と牛乳をまぜたものが飲まれるようになり、紅茶の消費はますます増えました。甘いミルクティーの誕生です。イギリスは、茶の輸入超過を解消するために、インド産アヘンを中国に密輸し、のちにアヘン戦争（↓74ページ）をおこします。

一九世紀になると、イギリス人は植民地で茶の栽培を開始、インドのアッサム地方やセイロン島（現在のスリランカ）に茶農園がひらかれます。そして一

＊……最初にイギリスに茶を飲む習慣を持ち込んだのは、一六六二年にポルトガルから嫁いできたチャールズ二世の王妃キャサリンといわれる。

当初、砂糖入りの紅茶を飲むことは、上流階級のステイタスシンボルだった

＊＊……低賃金で長時間労働を強いられる労働者のアルコール中毒が、深刻な社会問題となっていた。労働者にとって、カフェインを含む甘い紅茶は、貴重なカロリー源となった。

八九〇年にセイロン島の紅茶農園を大規模に買い取ったのが、トーマス・リプトンです。彼は食料品店の経営者でしたが、独自のブレンドによる高品質、低価格の紅茶を売り出し、新たな生産、販売のアイディアによって、紅茶ブームを労働者階級に広げることに成功しました。多くの慈善《じぜん》事業をしたことから、リプトンは貴族に列せられています。

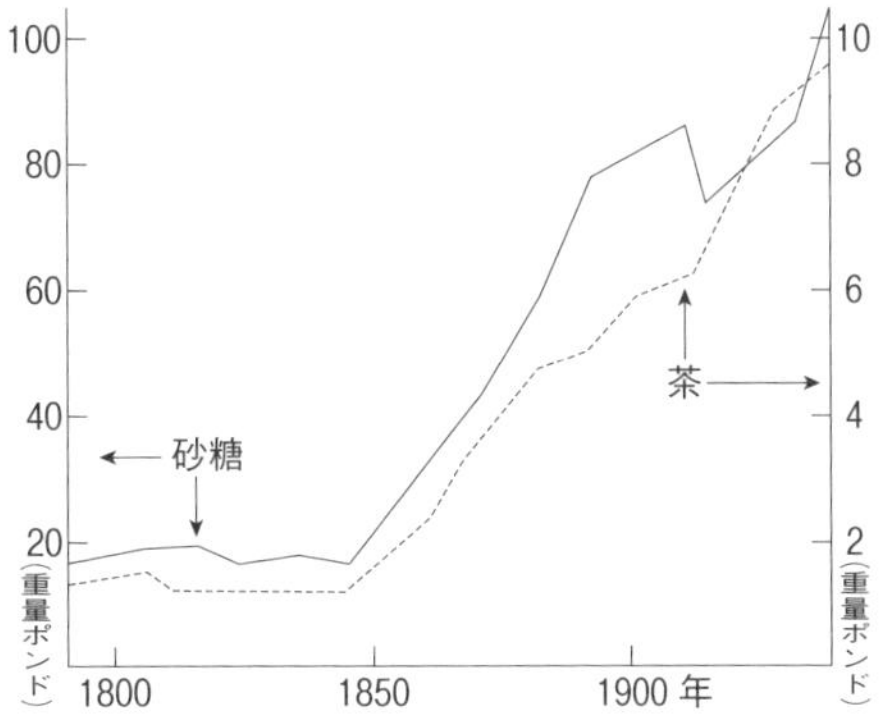

砂糖と紅茶の消費量の推移（角山栄『茶の世界史　改版』中央公論新社、九九ページ）

マンチェスター近郊の女工の昼休み。ほとんどの女工がティーポットをもっている

9 産業革命の時代

一八世紀後半にはじまった産業革命によって、イギリスは農業国から工業国になります。機械の発明による生産技術の革新と、石炭をエネルギーとする蒸気機関の発明は、手工業による生産を、工場で機械を使う大量生産に変えました。

さらに、資本家に安い賃金で雇《やと》われる大量の労働者の出現、農村から都市への集住、環境汚染、蒸気船や蒸気機関車による交通革命など、人びとの生活と社会のしくみ、国のありかたにも、大きな変化が生まれました。

紡績工場での児童労働。監督が少年にムチをふりあげている

Q1 産業革命は木綿《もめん》工業からはじまったのですか。

A1 かつてヨーロッパでは、木綿《もめん》*はインドから運ばれる、あこがれの布地でした。それまでは、衣服や下着、カーテン、シーツなどは、麻《あさ》か毛織物（ウール）、あるいは高価な絹《きぬ》（シルク）でした。木綿は軽くて肌ざわりがよく、汗や水分を吸ってすぐ乾きます。その白さは他の繊維《せんい》にはなく、美しい色に染

＊……インドの貿易港カリカットにちなみ、当時はキャラコとよばれた。

めることも容易です。洗濯も手軽なので、清潔に暮らせました。

この木綿を、自分たちでつくりたい。一八世紀になると、綿糸《めんし》の紡績《ぼうせき》と織布《しょくふ》の技術革新がすすみました。最初は一七三三年、ジョン・ケイによる飛び杼《ひ》**の発明です。これによって、織り機の速度は二倍になり、織り幅も広がりました。しかしこうなると、原料の綿糸がもっと必要です。

三〇年ほどして、ハーグリーヴズがジェニー紡績機を発明し、綿花から綿糸をつむぐスピードは六〜八倍に上がりました。もう織工が綿糸のできあがりを待つ必要はありません。さらに、アークライトやクロンプトンの紡績機の発明によって、細くて強い綿糸が生まれ、またカートライトは蒸気機関を利用した織り機（力織機《りきしょっき》）を発明しました。

質のよい綿布が大量生産され価格が下がると、需要はさらに増えました。生産を増やすため、工場や労働者の数も増えます。もはや木綿は、手と道具ではなく、機械がつくる工業製品でした。

綿布は、国内消費だけでなく、奴隷貿易の交易品にもなり、需要が増大します。一九世紀には、アジアへも綿布を輸出するようになりました。インドは、原料の綿花***をイギリスに輸出し、イギリス製の綿布を輸入させられる国に逆転しました。ベンガル地方の木綿産業は衰退《すいたい》し、仕事****を失った職人たちは、農村に帰っても土地も仕事もありませんでした。

**……英語でフライング・シャトル。シャトルとは折り返し運転のこと。すばやく往復して横糸を通すことから命名された。

***……綿花はゴルフボールほどの大きさで、白い花のなかには多くの種があり、種を取り出すのには手間がかかった。これを解決したのはアメリカ人ホイットニーが発明した綿繰り機で、この発明がアメリカ南部での綿花栽培の収益を上げ、奴隷制度を定着させたとされる。

****……こうした状況を、一八三四年にカルカッタの総督は、「その窮乏たるや商業史上にほとんど類例をみない。木綿織布工たちの骨が平原を白くおおっている」と記している。

東西間の綿布の流れ（松井透『世界市場の形成』岩波書店、二二五ページ）

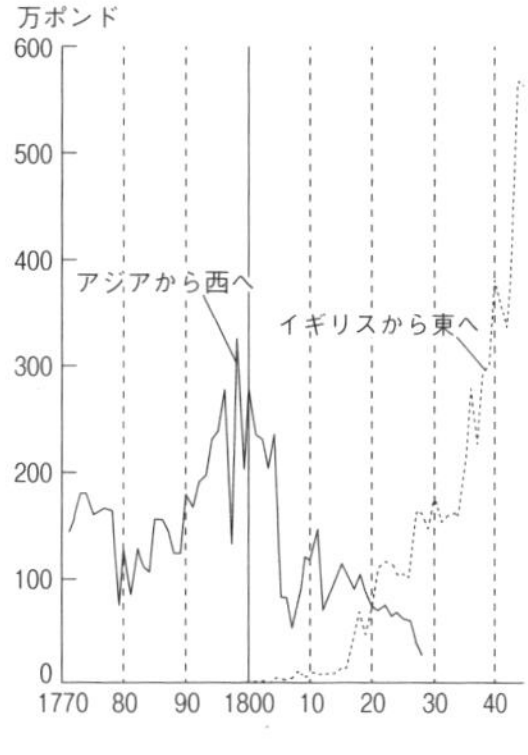

Q2 ジョン・ケイたちは発明によって大もうけしたのですか。

A2 イングランド北西部の都市マンチェスターは、産業革命期に木綿工業によって栄えた町です。一八三〇年には港町リヴァプールとの間に鉄道が開通し、原料や製品が蒸気機関車によって運ばれました。市庁舎には、飛び杼を発明したジョン・ケイとその家族の大きな壁画があります。でも、絵のなかでは、たいへんなできごとが起きています。

左半分に描かれているのは彼の仕事場で、大きな織り機の横に、飛び杼が落ちて転がっています。窓の外に、熊手を手にした群衆が、恐ろしいようすで詰めかけているのがみえます。ケイの息子か助手と思われる少年が、身体で織り機を守っているようにみえ、飼い犬も群衆に吠《ほ》えています。右半分の少し暗い画面は別室で、脱出のために毛布にくるまれ隠されたケイが、妻と別れのキスをしています。

実際、ジョン・ケイは恨《うら》まれ、憎《にく》まれ、おそわれ、ついには*フランスへ逃げ出しました。飛び杼は大量の織布の生産を可能にしましたが、手織り職人にとっては、仕事を奪う敵でした。

ハーグリーヴズや*クロンプトンら発明家たちも、工場や家を襲撃《しゅうげき》され、発明

フォード・マドック・ブラウン作「ジョン・ケイ、飛び杼の発明者、一七五三年」。実際はケイはこの年にはフランスにいたとされる

でもうけることもできず、不遇《ふぐう》の生涯《しょうがい》を送りました。

　手工業者、熟練《じゅくれん》工による機械打ち壊し運動は、ラッダイト****運動とよばれます。機械化が進行した一八一〇年代には、機械打ち壊し事件が続発し、運動は各地に広がりました。しかし軍隊に鎮圧《ちんあつ》され、死刑になる人も出て、運動は衰退しました。その背景には、ナポレオンとの長い戦争と深刻な不況のなかで、労働者の過激な運動をおそれ、この国ではフランス革命のようなことは絶対におこさせまいとする政治がありました。

Q3 ワットが蒸気機関を発明したのですか。

A3 ジェームズ・ワットは蒸気機関の発明者として有名です。しかし本当の発明者はトマス・ニューコメンで、約六〇年後に改良したのがワットでした。ワットは一七六九年に最初の特許をとり、一七八一年にはピストンの上下運動を回転運動に変える画期的な発明をしました。
　蒸気機関は英語で「スティーム・エンジン」。みなさんも、鍋《なべ》ややかんでお湯を沸騰《ふっとう》させると、蒸気の力でふたが持ち上げられることを知っていますね。イギリスでは、鉱山の作業中にわき出る地下水を吸い上げて坑内から排水する揚水《ようすい》機の開発が、重要な問題でした。排水できなければ採掘《さいくつ》はそこまでですが、

ワット式の蒸気機関（一八五〇年製造）

＊……ケイはフランス政府と交渉して一時金と年金を得、技術指導をおこなった。
＊＊……一七六四年、ジェニー紡績機を発明。
＊＊＊……一七七九年、ミュール紡績機を発明。
＊＊＊＊……各地で工場主を脅迫した指導者、ネッド・ラッドの名に由来するとされる。ラッドが実在の人物かどうかは不明。

揚水機があれば、さらに深く掘れます。

ワットが実用化した蒸気機関による揚水機は、一七八〇年代までに、スズと銅の鉱山があるコーンウォール*地方一帯で使われるようになりました。蒸気機関は、炭鉱の排水、工作機械や織り物機械、その他広く一般工場でも、原動機として用いられました。

一九世紀になると、蒸気船や蒸気機関車が実用化され、人や物の移動手段も一変します。人力や家畜の力、水力や風力にたよらない新しい動力は産業革命を支え、人びとは蒸気機関がすべてを変えると感じたかもしれません。イギリスには、製鉄業に必要な、蒸気をつくる燃料の石炭と、機械や製品の原料となる鉄鉱石が、豊富にありました。

ワット**はスコットランド出身の技術者ですが、ギルド（職人組合）の反対によって、住んでいるグラスゴー市内に機器製造・修理の店をひらけませんでした。しかし、グラスゴー大学***に友人の教授がいたことから、大学の高価な天文観測機器を修理し、その縁《えん》で大学に工房をひらきました。また、巨額の費用がかかる蒸気機関の製品化には、実業家のマシュー・ボールトン****の協力が欠かせませんでした。

電力の単位の「ワット」は、彼にちなんで名づけられました。

*……イギリスの最西端、かつ最南端の半島部分。

**……複写機の発明のほか、塩素漂白を試みたり、水は化合物であるという最初の言明をするなど、化学の分野でも業績を残した。

***……オクスフォード大学、ケンブリッジ大学などイングランドの大学が神学中心であるのに対し、スコットランドの大学は工学系が強いとされる。二二歳のワットが大学の天文学の機器を上手に調整したことで、縁ができた。

****……ワットとともに五〇ポンド紙幣に描かれている。

Q4 ロバート・オーウェンは何をした人ですか。

A4

オーウェン*はウェールズの出身で、スコットランドのニューラナークに理想的な紡績工場をつくろうとした経営者です。「理想的な」というのは、ただ資本家がもうけるだけではなく、労働者を同じ人間としてあつかうよい職場ということでした。

そのころ、厳しい労働が待つ工場で働くのは、たいへん生活に困った人たちでした。地主から土地を追われた極貧《ごくひん》の農民たちです。彼らに希望はなく、給料をもらえば大酒を飲み、泥酔《でいすい》してけんかし、盗みや不正を犯して警察沙汰《ざた》になることもたびたびでした。

しかしオーウェンは、そうした彼らでも、尊厳のある人間に変えることができるはずだと考えました。貯金を奨励《しょうれい》し、成人用の夜間学校や、世界最初の幼稚園**をつくりました。住み心地のよい家や住宅街も整え、良質の食料品を低価格で販売しました。こうした「実験」は成果をあげ、彼は社会改良家として有名になりました。

一八一九年には、彼が中心となって紡績工場法が制定されました。九歳以下の児童労働を禁止し、一六歳以下の労働時間を一二時間に制限して、紡績工場

*……（一七七一〜一八五八年）

現在のニューラナーク

**……オーウェンは教育、とりわけ幼児教育に力をそそぎ、「幼稚園の父」とよばれる。

全般での労働条件を改善しようとする法律です。オーウェンは一八二四年にはアメリカにわたり、私財を投じて理想の「ニュー***ハーモニー村」の建設を試みましたが、うまくいかずに四年で帰国しました。

彼は生活協同組合や労働組合の育成に尽力《じんりょく》し、晩年も精力的に著作活動や講演をつづけました。オーウェンはフランスのサン・シモンやフーリエとともに、初期の社会主義者とされます。

Q5 なぜ子どもたちが工場で働いていたのですか。

A5 オーウェンは紡績工場法の制定に尽力しましたが、この法律は守られませんでした。一八三三年の一般工場法で、政府が任命した工場監督官が各工場に法を守らせることが決められ、やっと守られるようになったのです。

この法律では、一二時間労働、九歳未満の労働禁止、一八歳未満の夜業禁止などが決められ、*どの業種にも適用されました。ということは、それまでは、一〇代の子どもたちが、いや九歳未満の子どもたちまでもが、夏も冬も、たとえば朝の五時半から夜八時まで、立ちっぱなしで夕食も食べず、わずかな賃金で働かされていたのです。家の仕事をする農民の子どもとちがうのは、疲《つか》れて休んだり作業が遅かったりすれば、現場監督にムチでたたかれることでした。

***……インディアナ州に、自給自足を原則とし、私有財産のない共同生活村としてつくられた。

炭鉱で働く子ども（1842 年の報告書のさし絵）。一人は石炭を積んだ貨車を押し、右のより幼い子どもは暗闇のなかに 12 時間も座り、ガス封じとされた木の扉を開閉した

*……鉱山や炭坑でも児童労働は多く、せまい坑道での作業に児童が使われた。

そのなかには、働き手がほしい工場主が、救貧院《きゅうひん》や孤児院《こじ》から引き取った子どもたちもたくさんいました。もうもうと綿ぼこりのたつ紡績工場でこのように働けば、身体の成長は止まり、足腰を痛め、肺の病気にもなります。二〇歳そこそこで働けなくなったり、亡くなる人もいました。

機械を使う工場では、少数の熟練工と機械工がいれば、あとは技術のない女性や子どもで十分でした。これまでの自由な働きかたを知っている男性とくらべ、従順で、賃金が安いことも好都合です。街には、仕事を失い暗い顔をした男性たちが、昼間からたむろしていました。働くにも女性や子ども並みの賃金で働くしかない彼らは、どのような気持ちでいたことでしょう。**

**……職人の間では、「聖月曜日」とよばれる慣行が認められていた。週末に「週給」を受け取ると酒を飲んで、日曜だけでなく月曜も仕事に出てこなくてよかった。

10 イギリスと世界

イギリス博物館に展示されているパルテノン・マーブルズの一部

イギリスは、植民地をめぐる戦いでフランスに勝利し、ナポレオン戦争でも勝利して、植民地を拡大します。支配の方法は巧妙《こうみょう》になり、植民地を直接支配するのではなく、自由貿易の名のもとに外国を実質的に支配下におく政策がはじまりました。アヘン戦争もその一つです。

Q1 インドはどのようにしてイギリスの植民地になったのですか。

A1 一七五六年にイギリスとフランスが七年戦争をはじめると、両国は植民地でも対立し、インドでは一七五七年にプラッシーの戦いがおきました。インドに進出したイギリス東インド会社と、ベンガル地方を支配していたフランスが支援するベンガル太守《たいしゅ》との対立です。

＊……北アメリカでは、先住民をまきこんだフレンチ・インディアン戦争がおこなわれた。

六月二三日。ベンガル軍は歩兵五万人、騎兵一万八〇〇〇人、それにフランス兵が五〇人。**イギリス東インド会社軍はイギリス兵九五〇人、インド人傭兵《ようへい》二一〇〇人。両軍はベンガル地方のプラッシーの平原で対峙《たいじ》しました。しかしイギリス軍が砲撃を開始すると、たちまちベンガル軍は退却《たいきゃく》し、***戦闘は終わりました。ベンガル側の死傷者は五〇〇人、イギリス側の死傷者は七二人といわれます。

じつは、イギリス側は、ベンガル軍の司令官の一人を味方につけ、退却命令を出させたのでした。戦後、この司令官がベンガル太守となり、イギリスはキャラコやアヘンだけでなく、米や塩などの取引も独占するようになりました。一七六五年には、実権のないムガル皇帝から、ベンガル地方の税の徴収《ちょうしゅう》権を、わずかな金額で買い取ります。こうして、ベンガルの商人は破産し、手工業はおとろえ、農民はイギリスが課す税に苦しめられることになりました。

戦いを指揮した東インド会社のロバート・クライヴは、ベンガル知事となり、イギリスによるインド支配の基礎を築きました。帰国後は男爵《だんしゃく》になりましたが、インドで自分の立場を利用して財産を増やしたと議会で弾劾《だんがい》され、その後アヘン中毒となって、一七七四年にロンドンで自殺しました。

**……東インド会社は、一六〇〇年にエリザベス一世の特許状を得て発足した。会社は軍隊をもち、プラッシーの戦い以降はベンガルなどを領有し、貿易会社の枠をこえた植民地支配者になった。

***……敗北したフランスはインドを離れ、拠点をインドシナに移した。

◆映画『バリー・リンドン』（一九七五年、スタンリー・キューブリック監督）一八世紀アイルランドの片田舎の、ジェントルマン階級の若者の放浪人生を描く。

Q2 ロゼッタ・ストーンやパルテノン・マーブルズは どうしてイギリス博物館のものになったのですか。

A2 イギリス博物館で見逃せないものの一つが、古代エジプトの神聖文字解読*の手がかりとなったロゼッタ・ストーンです。重さが七〇〇キログラムをこえる石碑《せきひ》で、三段に分かれて文字が刻《きざ》まれています。いちばん上が神聖文字、真ん中が民衆文字、いちばん下がギリシア文字です。内容はすべて同じで、プトレマイオス王の戴冠《たいかん》を伝えるものとわかりました。

この石碑は、イギリスとの戦いでエジプトに侵入したナポレオンのフランス軍によって、一七九九年に、ナイル河口のロゼッタ村付近で発見されました。要塞補修《ようさいほしゅう》の溝を掘っていたときのことです。ロゼッタ・ストーンはほかの発掘品とともにフランスに送られる予定でしたが、ナポレオンがイギリス軍に敗れたため、イギリスのもの**となりました。

また、アテネのパルテノン神殿の巨大な大理石彫刻群は、一八一六年にイギリス博物館がエルギン卿《きょう》から購入したことからエルギン・マーブルズ***、またはパルテノン・マーブルズとよばれます。当時、ギリシアはオスマン帝国の支配下にありましたが、オスマン帝国に駐在《ちゅうざい》したイギリス大使のエルギン卿は、スルタン（イスラム世界の君主）****の勅許《ちょっきょ》を得て神殿からこのギリシア彫刻を取

*……イギリスの医者だったトマス・ヤングが解読を試み、一八二二年にフランスの大学教授ジャン・フランソワ・シャンポリオンが全容の解読に成功した。

ロゼッタ・ストーン

**……一八〇一年の条約でイギリスのものとなり、ロンドンへ送られ、翌年、博物館に収蔵された。

***……一九三〇年代に博物館が、薄茶色であった大理石を洗浄したため、削られて白くなった。近年の研究によると、古代ギリシアの彫刻は、鮮やかに彩色されていたという。

りはずし、船で持ち出しました。
ギリシアは、イギリスによる略奪《りゃくだつ》だとして、返還*****を強く要求しています。しかし博物館側は今日に至るまで、合法的に入手され望ましい形で保存・公開されているとして、返還に応じません。パルテノンからはほかにも断片が持ち出され、イギリスだけでなくヨーロッパ各地の博物館に収蔵されています。返還問題には、歴史や保存をめぐるさまざまな問題がからみあっています。

Q3 アヘン戦争に反対した議員がいるのですか。

A3 一九世紀に入ると、イギリスでは、中国からの茶の輸入が年々増大しました。しかし、イギリスから中国に輸出する商品はなく、支払いに使う銀が中国に流出する一方でした。このためイギリスは、インドのベンガル地方で栽培されたアヘンを中国に密輸し、その売り上げで銀を回収しはじめました。
中国では、銀の流出とアヘン中毒の蔓延《まんえん》が、深刻な問題となります。なかなか事態が改善されないなか、一八三九年に特命大臣として広州に派遣《はけん》された林《りん》則徐《そくじょ》は、厳重な処置をとりました。イギリス商人がもっていたアヘンを没収《ぼっしゅう》*、処分したうえ、今後アヘンを持ち込まないという誓約書を要求、これを拒否した商人たちを港から退去させたのです。

****……当時ギリシアはオスマン帝国の支配下にあった。現地ギリシアでは、彫刻の取りはずしは神殿の破壊だと反対したが、オスマン帝国政府は対応を変えなかった。

*****……ギリシアの有名な女優メリナ・メルクーリは、一九八〇年代に文化大臣をつとめたおりに、強く返還を求めた。

*……没収したアヘンは一四〇〇トンをこえたといわれる。燃やすと有毒なため、海水の人工池に塩と石灰を入れ、中和して海に流したという。化学反応によって煙が上がったとされる。

これに対しイギリスでは、報復しよう、戦争すべきだという議論が高まりました。背景には、中国市場の開放を求めるイギリス産業資本の強い要求がありました。イギリス議会は紛糾《ふんきゅう》します。アヘンを密輸し、没収されたからといって戦争をしかけるのは、道理がないからです。

当時三〇歳の野党議員だったウィリアム・グラッドストン**は、政府の対中国外交をこう批判しました。「中国にはアヘン貿易を止めさせる権利がある。……これほど不正な恥さらし戦争は、かつて聞いたことがない。……国旗の名誉は汚された」

しかし議会は、賛成二七一票、反対二六二票と、わずか九票の差で開戦を承認。一八四〇年六月には、軍艦一六隻《せき》、輸送船二七隻、陸軍四〇〇〇人のイギリス軍が、中国に到着しました。

Q4 ナイチンゲールは上流階級出身の人なのですか。

A4 フローレンス・ナイチンゲール*が「看護婦になりたい」と告げたとき、家族が激怒《げきど》した話は有名です。「レディ」とよばれる最上級の上流階級の娘が働くなどありえないことで、当時は看護婦という職業も、誇《ほこ》らしい専門職どころか、無教養で不道徳な女性の仕事と軽蔑《けいべつ》されていました。

**……（一八〇九～一八九八年）のちに自由党党首となり、首相を四度つとめた。

グラッドストン（一八三五年ごろ）

*……（一八二〇～一九一〇年）裕福な両親が二年もの新婚旅行中、イタリアのフィレンツェで生まれたことから、フローレンス（フィレンツェの英語読み）と名づけられた。

それでもナイチンゲールは、看護や病院運営を学びつづけました。一八五四年、クリミア戦争**の傷病《しょうびょう》兵の惨状《さんじょう》が新聞『タイムズ』に報道されると、彼女はオスマン帝国のスクタリ（現在のユスキュダル***）の野戦病院に赴任《ふにん》****しました。

戦争は、爆裂《ばくれつ》型砲弾などの新兵器によって、凄惨《せいさん》なものに一変していました。さらに、病院内*****の不衛生や伝染病、寒さや飢《う》えこそが、大量死の原因でした。しかし現地の軍隊は、彼女が求める衛生や食事の改善を聞きません。上流階級出身の士官たちは、労働者階級出身の兵士を見下しており、その治療を求めなかったのです。

彼女は毎晩、本国の知人に手紙を書き、軍が協力するよう仕向けました。また、自費でタオルや石鹸《せっけん》、包帯、ベッド、シーツ、食糧を取り寄せ、料理人も雇《やと》います。その結果、患者の死亡率は激減しました。新聞や兵士の手紙、帰還兵によってこれを知った本国は、彼女を熱狂的に称賛《しょうさん》しました。

ナイチンゲールが大臣や貴族、士官と同じ上流階級であることは、大きな武器でした。有力な人脈と豊かな資産をもち、男性にも対等に意見をいえたからです。また彼女は、社会問題を科学的にとらえて改革をおこない、貧しい人を同等の人間として扱って、階級社会の古い考えともたたかいました。

**……一八五三〜一八五六年の、ロシアとオスマン帝国との戦争。クリミア半島が戦場となり、イギリスはオスマン帝国を支援した。ロシアの敗北で終結。

***……トルコのイスタンブールに隣接する地区。

****……戦時大臣で古い友人のシドニー・ハーバートが、陸軍病院に初めて看護婦を入れる計画の実行責任者として彼女を要請した。

*****……これを証明するため、ナイチンゲールは「鶏頭図（けいとうず）」とよばれるすぐれた統計図表を作成して示した。統計学の先駆者としても知られる。

クリミア戦争時、さまざまなナイチンゲールの人形がつくられた（ロンドンのナイチンゲール博物館蔵）

Q5 「常勝軍」のゴードン将軍は、アフリカで戦死したのですか。

A5 一八五一年に中国（清）で*太平天国の乱がおこると、アメリカ人のフレデリック・タウンゼント・ウォードが上海《シャンハイ》で、外国人の権益を守るために「常勝軍」という民兵軍を組織しました。イギリス軍はこれと連合して太平天国軍と戦います。ウォードが戦死すると、イギリス軍のチャールズ・ゴードンが指揮官となり、太平天国軍を鎮圧《ちんあつ》しました。

ゴードンは、イギリス軍人の家に生まれ、クリミア戦争に従軍したあと、**アロー戦争のため中国に赴任していた軍人です。彼は名声をあげ、イギリスに帰国後、エジプトの支配下にあった***スーダンの総督《そうとく》などをつとめます。

一八八二年、イギリスは****ウラービーの抵抗を鎮圧してエジプトを事実上支配するようになり、さらに南のスーダンの支配をめざしました。スーダンでは、イスラームの「マフディー（救世主）」と宣言した*****ムハンマド・アフマドが、貧しい人びとをひきいて武装蜂起《ほうき》し、マフディー軍はイギリス・エジプト軍を打ち破ります。

このためイギリスは、スーダン総督を辞《じ》してロンドンに戻っていたゴードンを、ふたたびスーダンのハルツームに派遣しました。しかし一八八四年、ハル

*……一八五一～一八六四年。太平天国は、キリスト教の影響を受けた洪秀全が組織した拝上帝会が中心となり、民衆の支持を集めて南京を占領し、清朝に抵抗した。

**……一八五六～一八六〇年のイギリス・フランスと清との戦争。イギリスのねらいは、中国市場の拡大と条約改正だった。

***……エジプトの近代化につとめたムハンマド・アリー朝の第五代君主イスマーイール・パシャに招かれた。

****……エジプトの軍人ウラービーは、「エジプト人のためのエジプト」をかかげ、イギリスの介入支配に対して武装蜂起した。

*****……スーダンの宗教指導者で、マフディー国家を樹立した。

ツームはマフディー軍に包囲され、兵糧《ひょうろう》攻めに苦しみます。イギリスの救援軍は撃退され、翌年やっと到着したときには、ゴードンは戦死、部隊は全滅していました。

ハルツームを占領したムハンマドは、貧しい人びとへの税の廃止や、奴隷貿易禁止などの改革をおこないます。マフディーの国は、一八九八年にイギリス・エジプトの連合軍に滅《ほろ》ぼされるまでつづきました。

世界各地で民族運動を弾圧したゴードンは、イギリスでは「英雄」とされ、人気がありました。ゴードンを救出できなかったグラッドストン首相は、「ゴードンの殺害者」とよばれ、内閣総辞職の原因の一つとなりました。

ゴードン将軍の最期（ジョージ・ジョイ画、一八九三年ころ）

11 一九世紀のイギリス社会

豚のえさを食べる貧民の子どもたち

のちに首相となるディズレーリは、議員であった一八四五年、ヴィクトリア女王が統治《とうち》するこの国は、「二つの国民」に分かれていると書きました。「金持ちと貧しい人びとでは、暮らしや習慣、思想や感情がまったく別だ、まったくちがうものを食べ、同じ法律で統治されてもいない」というのです。当時のイギリス社会はどのようだったのでしょう。

Q1 産業革命によって、人びとの暮らしは豊かになったのですか。

A1 産業革命では、機械制大工業の成立によって大量生産・大量消費が可能となりました。さらに交通手段の改良によって、人やモノ、情報の移動が速くなっただけでなく、国内や世界がネットワークで結ばれ、遠い外国も身近になりました。しかし新しい階級として、資本家と労働者という二つの階級が生まれました。

*フリードリヒ・エンゲルスは、一八四五年のルポルタージュ『イングランドにおける労働者階級の状態』で、次のように報告しています。労働者は、賃金をたよりとするその日暮らしで、つねに失業、餓死《がし》の危険にさらされており、あっけなく病死もする。せまい一部屋に家族全員で暮らし、家具はベッドすらない。買える食糧は、病死した動物の肉か腐《くさ》った肉、にせものの茶やコーヒーなどの粗悪《そあく》品。寒くても衣服は木綿《もめん》、それもボロボロすぎて脱ぎ着ができない。裸足《はだし》で歩く者も増えた……。

かつてのイギリスは、農牧業や漁業、手工業を主とする、自給自足型の社会でした。しかし産業革命がすすみ、資本主義社会に変わっていくと、多くの人は、資本家に雇《やと》われ、働いて賃金を得る労働者となり、都市に貧民街《ひんみんがい》（スラム）が生まれました。

一九世紀初めの社会構成を示す資料では、王族、貴族とジェントリ**など世襲《せしゅう》の財産をもつ上流階級は人口の一パーセン

*……（一八二〇～一八九五年）ドイツ出身でイギリスで活動し、カール・マルクスと協力して科学的社会主義の理論を打ち立てた。

**……少数の貴族とともにジェントルマンとよばれる支配層を構成した。身分的には平民で、貴族の下、農民の上に位置する。庶民院（下院）議員となったり、大地主として地方政治を支配した。

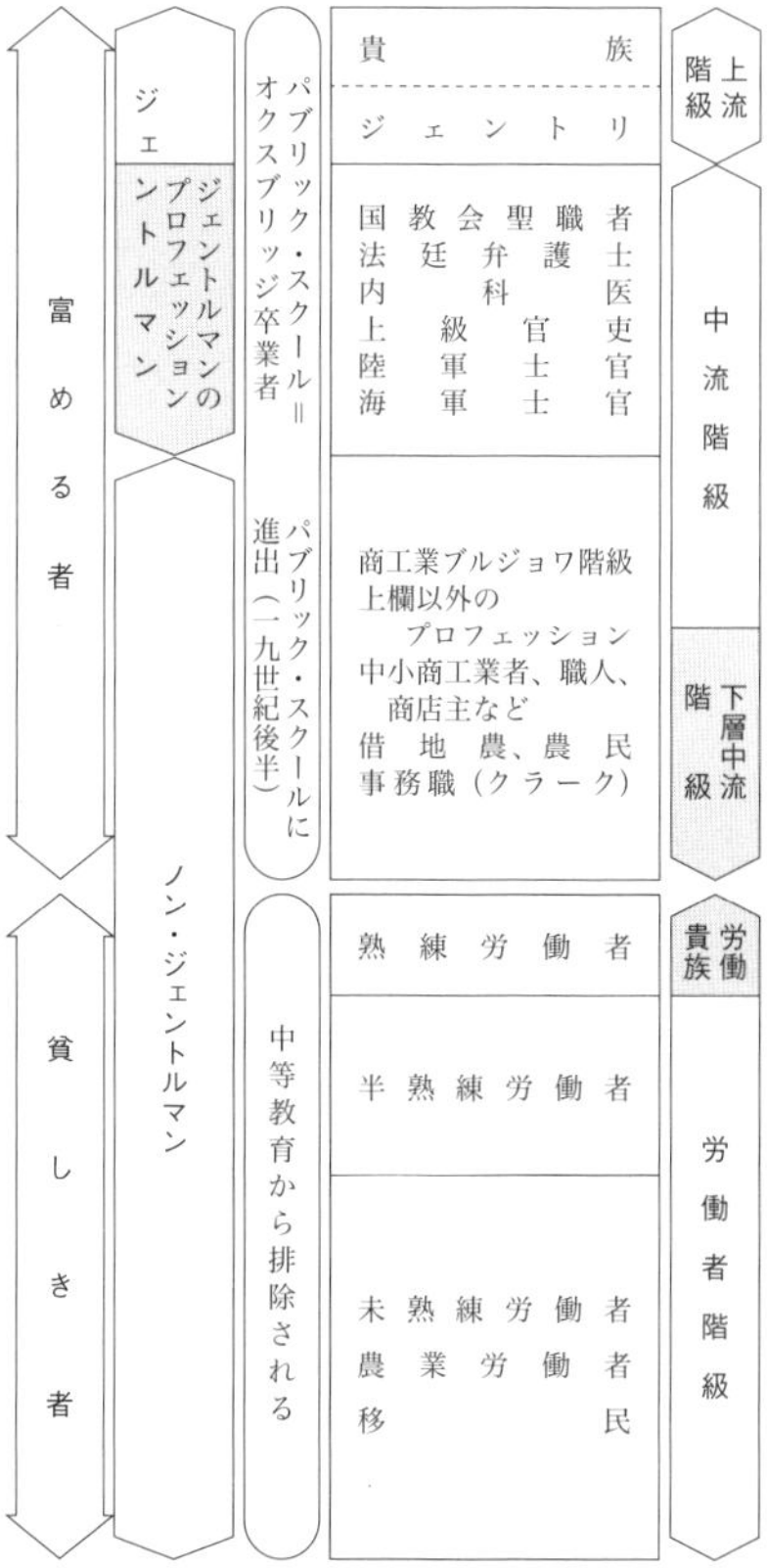

一九世紀後半のイギリス社会の構成（川北稔編『イギリス史』山川出版社、三〇〇ページ）

ト、高位の聖職者、弁護士、医師、士官、製造業者、銀行家など中流階級が二四パーセント、残りの四分の三が労働者階級となっています。それも、収入をみると中流階級***は上下のひらきが大きく、実際には、少数の上流階級と多数の労働者階級という二つのグループに分断されていました。

ロンドンの下町の貧しい人びとの生活は、チャールズ・ディケンズ****の小説からもわかります。また「二つの国民」の寿命や身長、食生活のちがいは、社会調査の記録からも明確にわかります。

Q2 アイルランドの「ジャガイモ飢《き》きん」とは何ですか。

A2 ジャガイモの原産地は南米のアンデスで、ヨーロッパにはおよそ五〇〇年前に伝わりました。ジャガイモは寒冷地でも育ち、せまい土地でも短期に大量に収穫できます。また、戦争で畑を荒らされても、地下で育つために損害が少なく、長期の保存もできます。人びとは穀物《こくもつ》ではないジャガイモを好*みませんでしたが、飢《き》きんで多くの生命を救い、調理も簡単なジャガイモは、貧しい人びとの主食になっていきました。

アイルランドでは、ほかよりも早く、一八世紀からジャガイモが主食**となりました。しかし、一八四五年の夏は長雨と冷害におそわれ、ジャガイモを枯《か》ら

***……中流階級は、収入の面で上流階級とならぶ上層中流階級と、上層の労働者階級並みの収入しかない下層中流階級とに分かれていた。

****……（一八一二〜一八七〇年）イギリスを代表する作家の一人。小説『オリバー・トゥイスト』や『クリスマス・キャロル』『デイヴィッド・コパフィールド』などを書いた。

アイルランドのダブリンにあるジャガイモ飢きんの追悼記念碑。近くには、復元された難民船が停泊している

し腐らせる伝染病がその後三年間もつづきました。人びとは餓死したり、栄養失調で弱った身体をチフスや赤痢《せきり》、コレラなどの伝染病におそわれたりして、一〇〇万人以上が死亡しました。

イギリスが世界一の工業国となった一九世紀半ば、農民は減り、アイルランドがブリテン島の食糧供給地となっていました。わずかな畑しかもたない貧農や小作、農業労働者が小麦などの穀物をつくり、自分たちは庭のようなせまい土地で育てたジャガイモを食べていたのです。

ジャガイモ飢きんの被害が拡大した背景には、慢性《まんせい》的な極度の貧困、穀物法***によって外国の安い穀物を輸入できなかったこと、また飢きんの最中にも政府がブリテン島への穀物や家畜、ハムなどの輸出を禁止しなかったことなど、政府の責任****が指摘されます。

困窮《こんきゅう》した人びとは、難民となって対岸のブリテン島西部*****やアメリカ合衆国、カナダ、オーストラリア、ニュージーランドへとわたりました。こうしてアイルランドの人口は半減し、世界各地にアイルランド******系の人びとが広がりました。

*……「聖書に登場しない」「種から育たない奇妙な植物」「毒がある」などの理由から嫌われ、下層の人びとの食べものとされた。イギリス名物の「フィッシュ・アンド・チップス」（魚とジャガイモのフライのセット）は、産業革命期に生まれた、「肉とパン」のかわりの労働者の食べもの。

**……一八世紀半ばのアイルランド人ひとり一日あたりのジャガイモ消費量は、一〇ポンド（四・五キログラム）だったという。

***……イギリスの地主や農業資本家のために、国産の穀物が高値で安定するよう、安い外国産穀物の輸入を禁止した法律。一八一五年に制定され、一八四六年に撤廃された。

****……一九九七年、飢きん一五〇周年の追悼集会に、トニー・ブレア首相は当時のイギリス政府の責任を認める謝罪の手紙を送った。

*****……リヴァプールやグラスゴーなどの都市。リヴァプールで結成されたバンド「ビートルズ」（→138ページ）のジョン、ポール、ジョージはアイルランド系である。

******……アメリカ合衆国大統領ジョン・F・ケネディの祖父は、飢きんの一八四八年にアイルランドからアメリカへ移住した。ロナルド・レーガン大統領の父方もアイルランド系である。

Q3 チャーティスト運動によって選挙権が拡大したのですか。

A3 ナポレオンの失脚《しっきゃく》後、ヨーロッパの支配層はすべてをフランス革命以前の状態に戻そうとしました。しかし一八四八年*、凶作《きょうさく》と経済恐慌《きょうこう》を背景に、パリ、ウィーン、ベルリン、ミラノなどでふたたび革命がおき、イギリスではチャーティスト**運動がもりあがりをみせました。

チャーティスト運動は、男性普通選挙権を求める労働者階級の運動です。当時、選挙権をもつのは、地主階級であるジェントリと中流階級***の男性のみで、国民の五パーセントもいませんでした。しかしこの年、チャーティストが議会に提出した請願《せいがん》書は、大差で否決されました。イギリスに革命はおきず、労働者は参政権を得られなかったのです。

一八六〇年代になると、世界に支配を広げたイギリス帝国は富をたくわえ、労働者階級の実質賃金も上がりました。肉を食べ、砂糖とミルク入りの紅茶を飲むことが、あたりまえになります。カリブ海の砂糖や、中国やインド産の紅茶が日用品になると、人びとの意識も変わりました。イギリスは世界の中心であり、他民族を支配するのは当然だ、ほしいものは何でも手にはいる、という帝国意識です。また一八六七年、保守党内閣は選挙法を改正して、比較的裕福《ゆうふく》

*……「諸民族の春」「諸国民の春」とよばれる。マルクスは同年二月、直前に出版した『共産党宣言』でこの動きを予測した。

**……「人民憲章（ピープルズ・チャーター）」の実現を求める運動として一八三七年にはじまり、一八五〇年代までつづいた労働者の運動。要求は男性普通選挙権のほか、無記名投票、議員の毎年改選、議員歳費の支給、議員の財産資格廃止、平等な選挙区の六項目。

***……一八三二年の第一回選挙法改正による。その多くは都市の産業資本家だった。

な都市労働者に選挙権をあたえ、有権者は国民の九パーセントになりました。

帝国意識は「二つの国民」の現実を隠《かく》しました。一八七〇年の初等教育法以後、チャーティストが要求した公教育がはじまりますが、そこでは、イギリス帝国の一員であることを誇《ほこ》りに思い、勤勉《きんべん》に働き、植民地の維持、拡大のために戦う国民の育成がはかられました。

Q4 ダーウィンの進化論はおそろしい考えだったのですか。

A4 チャールズ・ダーウィン*が一八五九年に論文『種の起源』で進化論**を発表するまで、陸や海、山川は地殻変動によってつくられた、生物はその形や生態《せいたい》を変化させてきた、と考える人はわずかでした。この論文は、動植物が長い時をかけて、環境に適応するよう自然に枝分かれ的に進化してきたこと（適者生存）を、科学的に論証しています。しかし、それはヒトも下等動物から進化したことを暗示し、当時の人びとにとってはおそろしい考えでした。

キリスト教の旧約聖書では、神が天と地（宇宙）を創造し、神の姿に似せて人間をつくったとしています。人びとはそれを疑わず、一七世紀にはアイルランドのアッシャー大司教が計算***した紀元前四〇〇四年一〇月二二日が、天地創造の日として広まりました。この世のすべてを神が完璧な完成品としてつくっ

チャーティストの集会（一八四八年）

*……（一八〇九～一八八二年）

**……ダーウィンは一八三一年から海軍の調査船ビーグル号で世界を一周し、各地で観察、標本採集、研究をおこなった。なかでもガラパゴス諸島の調査、研究は有名。航海以後、聖書の正しさに疑念をもつようになり、一八三八年にマルサスの『人口論』（一七九八年）にヒントを得て、生物は生き残るための自然による選択がもととなって進化したと考えた。親しい人以外には二〇年間も沈黙したが、同じ考えのウォレスの論文を読み、『種の起源』を発表した。

たとすれば、事後の新星や生物種の誕生はありえないことでした。

しかし、地質学者や博物学者は疑問をもっていました。貝殻《かいがら》や恐竜の化石は、今は生存しない生物の存在を示し、それが石になるには六〇〇〇年では足りないと考えたからです。

ダーウィンの説は反発も受けましたが、人びと****に受け入れられていきます。

ダーウィンの家は、イングランドの地方に住む裕福な名士（ジェントルマン）でした。中流階級の上層にあたる彼らは、弁護士や医者、聖職者などの本業*****とは別に、金貸しや投資に運用できる資産と収入がありました。ダーウィンはエディン******バラ大学とケンブリッジ大学で学んだあと、一度も職につくことなく、父の資産で研究に没頭《ぼっとう》しました。彼らジェントルマン*******の研究は、産業革命期の技術の開発、改良を支えました。

***……物理学者・数学者のニュートン（一六四三〜一七二七年）も、この日を求める計算をしている。

****……産業革命が進行していたため、適者生存の考えは受け入れられやすかった。

*****……ジェントルマンは労働しないことを徳目とした。

******……スコットランドでの学問研究は、イングランド国教会への信仰を求められるイングランドの大学とちがい、自由で豊かな発想に満ちていた。

*******……ダーウィンの祖父で医師のエラズマスは、生物の進化を考えていた。彼は定期的に研究会をひらき、蒸気機関のワットや陶磁器の大量生産に成功したウェッジウッド、酸素の発見者とされるプリーストリーらと交流した。ウェッジウッドはダーウィンの母方の祖父。ダーウィンの妻もウェッジウッド家の出身。

Q5 ひどい公害がなぜ放置されたのですか。

A5 「リヴァプールの市内をみると、一〇〇メートルほど上空まで石炭の煙がもうもうとおおい、晴れているのにいつもうす暗い。市民はこの黒い空気を吸って暮らしているので、平均寿命は上流階級でも三五歳、中流階級は二二歳、労働者階級ではたった一五歳だという」。これは、明治政府が派遣《はけん》した岩倉使節団（→99ページ）による一八七二年の記録です（現代語訳）。

産業革命以降、工場は煤煙《ばいえん》や汚水を無制限に吐き出して、空気や建物、川の水を真っ黒に汚していました。人びとはその川の水を飲まなければならなかったので、いくら沸騰《ふっとう》させ、紅茶で味をつけても、病気になりました。

また、水で薄めたミルクや、石灰《せっかい》や豆、ジャガイモの粉を混ぜた小麦粉、砂を混ぜた砂糖などのごまかし商品やアヘン*も、平気で売られていました。

当時の資本主義経済は、もうけの競争には制限もルールもなし、政府（国家）は法で経済活動を規制せず、資本家のやりたいように放任するという、自由主義経済のもとにありました。どんなに公害がひどくても、人びとが病気で早死にしても、それは政府が対応すべき問題とはされませんでした。

こうした資本主義経済のありかたを批判し、新しい経済のありかたを提示したのが、社会主義の思想です。ドイツ出身のカール・マルクス**は、一八四八年の革命後、一家でロンドンに亡命《ぼうめい》しました。彼は極貧《ごくひん》生活のなか、イギリス博物館の図書館で研究をつづけ、一八六七年に大著『資本論』の第一巻を出版しました。この書で彼は、なぜ労働者の暮らしは楽にならないのか、資本家はどのようにして巨大な利潤《りじゅん》を得るのかという、資本主義経済のしくみを明らかにしました。

煙を出す工場の煙突が立ち並ぶ、一九世紀の都市

*……薬害は知られていたが、痛みや咳、消化不良、コレラや結核など、何にでも効く常備薬とされた。丸薬や粉末剤、液体薬、シロップやアメの形で、薬屋のほか雑貨屋や靴屋、パン屋、パブなどで手軽に売られた。購入、流通、所持、使用が禁止されたのは二〇世紀。

**……（一八一八〜一八八三年）フリードリヒ・エンゲルスと協力して科学的社会主義の理論を打ち立てた。

12 一九世紀のイギリス文化

一八三〇年に開業したリヴァプール・アンド・マンチェスター鉄道

人間は長い間、空を飛ぶ鳥や、広野を駆ける馬にあこがれてきました。産業革命は科学の力で、人間に移動の自由とスピード、力をあたえます。鉄道は、原野や森、河川を押し分けて、どこまでも走りました。産業のためだけでなく、みるだけでわくわくし、乗ればいっそうスリルのある、新感覚の娯楽《ごらく》でした。

一方、そうした急激な変化がもつ負の部分に気づき、自然や手仕事の美しさを守り、継承する運動も生まれました。

Q1 蒸気機関車によって新しいレジャーが生まれたのですか。

A1 イギリスでは一八世紀に、上流階級の子弟《してい》が数カ月から数年の間、フランス、イタリアの都市や名所、知識人を訪ねてまわり、教養と社会体験を深めるグランド・ツアー*の習慣がありました。しかし、こうした旅**には時間と経済力が必要で、馬車や船の旅は危険が多く、身体的にもつらいものでした。

*……経済学者アダム・スミスは、家庭教師として三年間同行し、フランスでモンテスキューやケネーらと交流した。

**……英語で「旅」を意味するトラヴェル(travel)の語源は、フランス語のトラヴァーユ(travail「労働」「苦しみ」)と同じ語源とされる。

一九世紀の初めに蒸気船と蒸気機関車が出現すると、休暇《きゅうか》や休日の過ごしかたは一変しました。行楽地に出かける消費型のレジャーが生まれ、収入と休日の増加とともに、それを楽しむ階層も広がったのです。

ロンドンの南、ブリテン島南端のブライトンは、一八世紀の中ごろに治療用の海水浴場として有名になりました。海水***を飲み、海水にひたるという治療法です。当初は王族や上流階級の高級リゾートでしたが、一八四一年にロンドンから鉄道が開通すると、それまで馬車で六時間かかった八〇キロメートルの道のりは二時間に短縮され、庶民《しょみん》が日帰りでおしよせる大観光地となりました。

こうした海浜《かいひん》リゾートには遊園地がつくられ、テニス****やゴルフ、サイクリングなども人気スポーツとなりました。

トーマス・クック*****は、旅費の積立から鉄道、船、ホテル、ガイドなどまでをセットにした特別割引の団体パック旅行を売り出し、一八五一年のロンドン万国博覧会（→107ページ）やパリの万国博覧会ツアーで大成功をおさめました。それまで村からほとんど出たことのなかった農民たちも、一生に一度の万国博覧会をみようと出かけたのです。

高速で移動する鉄道は、それまで沿線各地でばらばら******だった時刻も変えました。ロンドンの時刻に合わせた共通の鉄道時間を使わなければ、混乱と事故をさけられなかったからです。

三等車の乗客たち

***……一八七〇年ごろまでは、海に入っても泳がず、膝下か下半身を数分間、海水にひたすだけだった。

****……一八七七年、ウィンブルドンで第一回ローンテニス選手権大会がひらかれた。

*****……（一八〇八～一八九二年）最初の旅行代理店トーマス・クック・アンド・サンの創業者。信仰があつく、旅を飲酒にかわる庶民の健全な娯楽、教育の場にしたいと考えていたといわれる。

******……それぞれの地域で、日時計で示される南中時刻を正午としていた。イギリス全土が公式にロンドンのグリニッジ標準時（正確には平均時）に統一されたのは一八八〇年。

Q2 ターナーの絵はどうしてイギリスで人気があるのですか。

A2 二〇〇五年にBRCラジオ（↓150ページ）が、イギリス国内に展示されている絵画の人気投票をしたところ、一位はウィリアム・ターナー*の「解体のため最後の停泊《ていはく》地に向かう戦艦テメレール、一八三八年」（一八三九年）でした。投票総数約一二万票のうち三万票を獲得し、二位の同時代の風景画家ジョン・コンスタブルに一万票もの差をつけました。

ターナーは多くの風景画を描きましたが、後期の「戦艦テメレール」や「議事堂の火災、一八三四年一〇月一六日」（一八三五年）、「死者と死にかけた者を船外に投げ捨てる奴隷商人たち――迫り来る台風（奴隷船）」（一八四〇年）、「雨、蒸気、スピード――グレート・ウェスタン鉄道」（一八四四年）はとくに有名です。

「解体のため最後の停泊地に向かう戦艦テメレール、一八三八年」は、タイトルのとおり主題はドラマチックで、うず巻くような大気のなかに描かれる炎や夕日の黄色、血の赤、機関車の罐《かま》や蒸気船の煙突の燃える火の赤が印象的です。景色はイギリス特有の霧《きり》や靄《もや》につつまれ幻想的ですが、画中のできごとがせまってきます。時代の先端の事物と滅《ほろ》びゆくものは、壮大かつ崇高《すうこう》な自然の

*……（一七七五～一八五一年）ロンドン出身で、イギリス国内、ヨーロッパ諸国を広く旅し、多くの水彩画、油彩画、スケッチを残した。晩年の作品は前衛的な抽象画のようである。遺言で、作品をまとめて展示することを条件に、全作品をナショナルギャラリーに寄贈。現在はテート・ブリテンが所蔵している。

ターナー「解体のため最後の停泊地に向かう戦艦テメレール、一八三八年」

なかで生きる人間や時の流れ、人生を感じさせます。またそれは、「そう、私**はイギリス人だ」とイギリス人の心に訴《うった》える作品なのではないでしょうか。

日本では夏目漱石が小説『坊っちゃん』***『草枕』でターナーにふれ、早くから知られました。007シリーズ（→131ページ）の映画「スカイフォール」でジェームズ・ボンドが待ち合わせたのは、ナショナルギャラリーの展示室、「戦艦テメレール」の前です。二〇二〇年から使われる二〇ポンド紙幣****には、ターナーの自画像と「戦艦テメレール」が登場します。

Q3 ナショナル・トラストとはどのような運動ですか。

A3 産業革命以降、都市は人びとであふれ、せまく不衛生な暮らしに伝染病が広がりました。そのため一九世紀後半になると、工業化による乱開発を防ぎ、きれいな水や空気、広々とした自然を確保しようとする運動が生まれます。それは、かつてだれもが自由に歩き、薪《まき》や肥料となる落ち葉を得ることができた森や原野を、共有地《コモンズ》（オープンスペース）のままにしておこうという運動でした。

一八九五年に設立されたナショナル・トラスト*は、寄贈《きぞう》や購入**によって景《けい》勝《しょう》地や歴史的建造物を入手し、修復、維持、管理して、それを国民《ナショナル》の

**……一九世紀、ナポレオンとの戦争やイギリスの繁栄によって、国家や国土への愛着が強まった。

***……『坊っちゃん』『草枕』はともに一九〇六年。

****……現在の二〇ポンド紙幣はアダム・スミスの肖像。

◆映画『ターナー、光に愛を求めて』（二〇一四年、マイク・リー監督）主演ティモシー・スポール。ターナーの後半生を人間味深く、美しい風景映像とともに描く。

*……創設者は、弁護士ロバート・ハンター、社会改良家オクタヴィア・ヒル、牧師ハードウィック・ローンズリーの三人。利益の追求よりも芸術、文化、生活の充実を説いたジョン・ラスキンの思想が大きな影響をあたえたとされる。スコットランドは別組織。

**……『ピーターラビットのおはなし』の作者ビアトリクス・ポターは、印税で湖水地方の広大な土地や建物を購入し、ナショナル・トラスト運動に大きな貢献をした。ローンズリー牧師は彼女の親しい友人。

信託財産《トラスト》として永久***に保持するための団体です。自然の開発で一部の人が利益を得るのではなく、自然を人びとのよろこびや、やすらぎの場として確保しようという市民運動でした。また、歴史的建造物を共有財産にして、イギリス国民としての一体感を強め、愛国心を育てようという考えもありました。

現在では、王室を除くイギリス最大の地主となり、国民一五人に一人の割合でいる会員****が財政を支えています。一二四〇キロメートルもの海岸線や渓谷《けいこく》、森林や農地、街並み、城、屋敷、庭園、パブ、工場。そこにはアスファルトの道はなく、人工の建物や土産《みやげ》物屋もありません。標識やベンチも、自然の石や木のものです。こうして英仏海峡《かいきょう》の白い崖《がけ》も、古代巨石遺跡ストーンヘンジ（↓10ページ）一帯の土地も、ローマ帝国時代のハドリアヌスの城壁（↓14ページ）も、さらにチャーチルやアガサ・クリスティ、ジョン・レノンが過ごした家々も、庭や家具、食器、絵画までが永遠の共有遺産となりました。

Q4 なぜ一九世紀に中世風の美術や工芸が生まれたのですか。

A4 一八五一年のロンドン万国博覧会（↓107ページ）では、産業革命の最先端を行くイギリスの製品が誇《ほこ》らしげに展示されました。しかしジョン*・ラスキンらは、出品された家具や日用品を美しくないと批判しました。産業革

***……一九〇七年にナショナル・トラスト法が施行され、その保護資産は譲渡不能となり、永遠に国民の財産となった。

****……二〇一六年の会員数は四五〇万人。

◆映画『ミス・ポター』（二〇〇六年、クリス・ヌーナン監督）弁護士（中流階級の上層）の娘ビアトリクス・ポターが、絵本作家として自立する過程を描く。

*……（一八一九〜一九〇〇年）美術史家、哲学者、経済学者、社会改革者として、大きな影響力をもった。

命以前の職人たちがもっていた手仕事の美がない。工場労働者は分業で働くため、ものを完成させるよろこびがない。中世こそ、無名の職人が創造した美が存在する理想の社会があった、というのです。

ウィリアム・モリス**にとって、中世の物語や文化、ゴシック教会は、子ども時代から愛したものでした。ラスキンやラファエル前派の画家ロセッティと出会って影響を受けた彼は、暮らしのなかに素朴《そぼく》で穏《おだ》やかな美を求め、家具やステンドグラス、内装用のタペストリー、壁紙、布地などの制作をはじめました。バーン・ジョーンズら画家や建築家の友人たちも協力し、一八六一年には室内装飾《そうしょく》の製造・販売会社が生まれました。

「家のなかに、役にたつかどうかわからないものと、美しいと思えないものはおかないこと」。モリスが言う美とは、豪華《ごうか》な美や鑑賞用の美、大切にしまっておくような美ではありません。良質で美しい日用品とともに、心地よく暮らそうというものです。

中世を理想化したデザイン***には、植物や小鳥のモチーフが描かれ、中世のタペストリーやステンドグラスの影響がみられます。染料《せんりょう》の原料も、昔ながらの植物や昆虫でした。社会主義者であったモリスは、貧しい者のいない平等な社会をつくり、良質な手工芸品や美術をとおして、民衆の生活をより良いものにしようと考えたのです。

**……(一八三四〜一八九六年)インテリア・デザイナー、詩人、社会主義者。アーツ・アンド・クラフツ運動の源となり、ヨーロッパ全土に影響をあたえた。日本には一八九一(明治二四)年に、詩人、社会主義者として紹介された。

ロンドン郊外に保存されているモリスの「赤い家」(自宅兼アトリエ)

***……現在も人気があり、壁紙やカーテン、布地、雑貨に使われている。

Q5 シャーロック・ホームズは警察より早く科学捜査《そうさ》をはじめたのですか。

A5 BBC*（↓150ページ）の番組はそう伝えています。名探偵シャーロ**ック・ホームズがアーサー・コナン・ドイルの小説『緋色《ひいろ》の研究』に登場したのは、一八八七年。この作品で大人気を得たドイルは医者をやめ、一九二七年まで六〇***編のホームズ作品を書きました。

法が王や貴族、権力者を守る法であるとき、人びとは、その法をやぶり罰《ばっ》せられる「犯人」に共感します。しかし、法が自分たちのためにあり自分たちを守るとき、人びとは「犯人」を追及します。また、人権が尊重されないところでは、拷問《ごうもん》で「自白」させたり、自白や証拠がなくても「犯人」にすることができます。証拠にもとづいて犯人を追及する推理小説は、政治的な民主主義の成立後に生まれました。

ホームズは拡大鏡や巻尺《まきじゃく》を使い、事件現場を綿密《めんみつ》に調べます。足跡や靴底《くつぞこ》の泥、遺留《いりゅう》物、着衣、筆跡《ひっせき》、弾道、毒物、血痕《けっこん》や死体を冷静に観察し、考えます。手や爪の先の残留物は大事な手がかりでした。ロンドンのベーカー街二二一B番地の彼の部屋には、顕微鏡《けんびきょう》や薬品、フラスコなどの器具がおかれ、実験室のようでした。さらに、事件の語り手で助手のワトスンは、元軍医です。

*……二〇一三年制作の番組「How Sherlock changed the world（科学捜査官シャーロック・ホームズ）前編・後編」。ホームズが作品中で歴史上初めて科学的な捜査をおこない、現実の警察の科学捜査をリードしたと紹介している。

**……ドイルがエディンバラ大学で医学を学んだジョセフ・ベル博士がモデルとされる。

***……一八九三年の作品でホームズを転落死させシリーズを終了しようとしたが、読者の抗議が殺到し、一九〇一年から再開した。

雑誌『パンチ』に掲載された、警察による科学実験のようすの風刺画（一九三五年）。ホームズを思わせる警官が実験している

こうした科学捜査《そうさ》技術は、ホームズ作品の時代に前後して急速に進歩しました。しかし、当時実際の捜査に使用されていた写真や指紋《しもん》****は、なぜか作品にあまり登場しません。ホームズは「いや、並はずれた知能と鋭《するど》い洞察力《どうさつ》こそ必要だ」といいたいのかもしれませんね。

****……一八八〇年、イギリスの科学雑誌『ネイチャー』に、指紋は万人不同、終生不変であり、個人識別ができるため、犯人特定の有効な手段になるという論稿が掲載された。筆者は、一八七四年に来日した宣教師で、東京の築地病院の医師を務めたヘンリー・フォールズ。彼は大森貝塚から出土した縄文土器に残る指紋に気づき、研究を進めた。

また、植民地インドに赴任していたウィリアム・ジェームズ・ハーシェル、学者フランシス・ゴールトンも指紋の研究を進めた。一九〇一年、インド・ベンガル州の警察長官エドワード・ヘンリーと助手アジズル・ハクが完成した指紋分類法が、イギリスで採用された。

13 イギリスと日本

岩倉遣欧使節団。左から木戸孝允、山口尚芳、岩倉具視、伊藤博文、大久保利通

イギリスと日本の交流は古く、四〇〇年前の江戸時代初めにさかのぼります。幕末《ばくまつ》になると、日本の開国がアメリカによってなされましたが、その後の貿易はイギリスを中心におこなわれました。明治政府が重用《ちょうよう》したお雇《やと》い外国人も、イギリス人が圧倒的に多く、約半数を占めます。イギリスは、近代日本の政治、外交、産業、文化などに、さまざまな影響をあたえました。

Q1 日本に最初に来たイギリス人は誰ですか。

A1 名前がはっきりしているのは、ウィリアム・アダムズです。それ以前の一六世紀後半にもイギリス人やイギリス船が来航したという伝聞《でんぶん》がありますが、確認されていません。

一六〇〇年、関ケ原の戦いの前夜、豊後《ぶんご》(現在の大分県)の臼杵《うすき》湾に、オラ

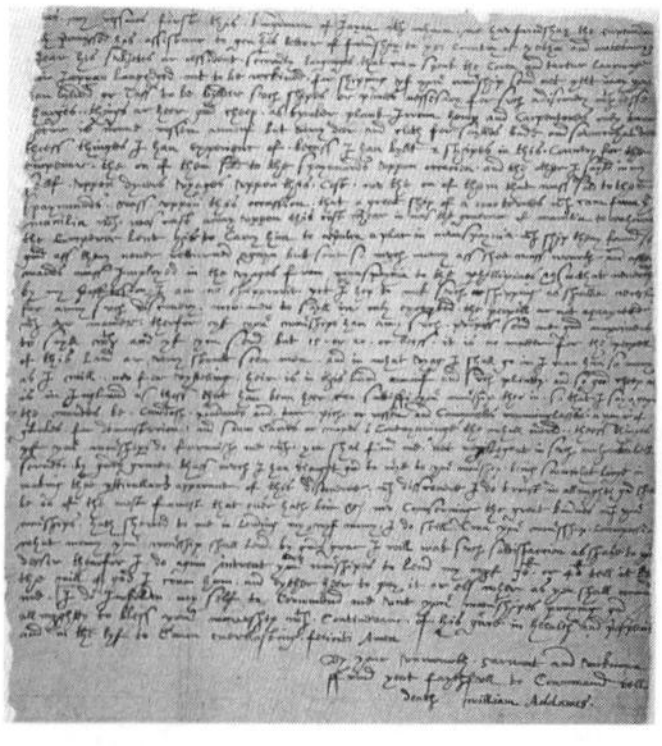
アダムズが長崎・平戸からロンドンの東インド会社本社へ宛てた手紙の一部。一六一三年一二月一日付

ンダ商船リーフデ号が漂着《ひょうちゃく》しました。オランダがアジア貿易振興《しんこう》のために派遣《はけん》した五隻《せき》の遠征隊のうちの一隻です。艦隊は途中さまざまなトラブルによってちりぢりとなり、リーフデ号だけが日本にたどりつきました。一一〇人だった乗組員は二四人*になっていました。

そのなかで唯一のイギリス人がアダムズ（三六歳）です。彼はイングランドのケント州ジリンガムの生まれで、一二歳で船大工のもとに弟子入りしました。その後、海軍を経《へ》て貿易会社に入り、この遠征隊には航海士として参加。国には妻と二人の子どもがいました。

大坂城にいた徳川家康**は、衰弱《すいじゃく》していた船長の代理をつとめるアダムズらを謁見《えっけん》します。アダムズは家康の質問に的確に答え、家康は彼を対外交渉に役だつ人物と考えたようです。リーフデ号の乗組員たちは手あつくもてなされ、とくにアダムズは相模国《さがみのくに》（現在の神奈川県）三浦郡に二五〇石《こく》の領地と、江戸に屋敷をあたえられます。アダムズは「三浦を領地とする水先案内人」を意味する三浦按針《あんじん》と名乗り、日本の武士として生きていくことになりました。

アダムズは家康の外交***顧問《こもん》として活躍し、日本人の妻と二人****の子どももでき、また長崎県の平戸《ひらど》にも妻子がいたようです。彼は一六二〇年に平戸で亡く*****なりますが、生前は平戸のイギリス商館長を通して本国の家族のために送金をしていたそうです。

*……うち歩けたのはわずか六人、翌日三人死亡したという。

**……当時、徳川家康は、豊臣家を支える五大老首座の地位にあった。

***……三浦按針の尽力により、一六一三年平戸にオランダ商館が、その隣にイギリス商館が開設された。按針はイギリス商館員として年額一〇〇ポンドの俸給で雇われた。

****……遺児ジョセフは、父の領地と地位を継ぎ、二代三浦按針として貿易に従事した。その後は不明で、三浦の領地は一六六四年に大老・酒井忠清のものとなっている。

*****……神奈川県横須賀市に、夫妻を供養した安針塚がある。

Q2 薩英《さつえい》戦争はほぼ引き分けに終わったというのは本当ですか。

A2 一八六三年八月、イギリスの艦隊七隻が鹿児島湾に到着しました。イギリス側は薩摩《さつま》藩に生麦事件*の犯人の引きわたしと賠償《ばいしょう》金の支払いを要求しますが、薩摩藩は要求に応じず、戦闘がはじまります。暴風雨の中、両軍の砲撃戦が二日間にわたっておこなわれました。

この戦闘で、イギリス側は艦船が損傷《そんしょう》を受け、旗艦《きかん》ユーリアラス号の艦長ら一三人が戦死、五〇人の負傷者を出しました。薩摩側の死傷者は少なかったのですが、砲撃により鹿児島市街が焼失《しょうしつ》するなど大きな被害を受けました。

イギリスの各艦から発射された、当時の最新兵器アームストロング砲の猛攻《もうこう》でした。薩摩側はその威力《いりょく》にたじろぎ、藩内の攘夷《じょうい》**の声は急速に弱まります。イギリス側は海兵隊を上陸させることなく、砲撃だけで横浜にひきあげました。

薩摩側が予想外に善戦したため、戦争は「イギリス側の敗北」ないし「勝敗は不明に近い」という評価もあります。翌一八六四年のイギリス議会では、鹿児島市街への砲撃が非人道的であったと、責任が追及されました。

一一月、横浜で開催された講和の薩英《さつえい》会談で、両者は和解へと動きます。生麦事件の犯人は「逃亡中」とされ、薩摩側はイギリスから要求された賠償金を、

＊……一八六二年九月一四日、神奈川の生麦（現在の横浜市鶴見区）において、イギリス人チャールズ・リチャードソン以下三人が、薩摩藩の行列を妨害したという理由で殺傷された事件。

『イラストレイテッド・ロンドンニュース』に掲載された薩英戦争のようす

＊＊……武力で外国勢力を撃退しようとすること。

幕府からの借金で支払うことになりました。そしてイギリスから蒸気船などを買い入れ、一八六五年には、極秘《ごくひ》のうちに藩の留学生***をイギリスへ送り出し、一五人を現地で学ばせます。薩英戦争以降、イギリスは幕府ではなく薩摩藩との関係を深める道を選択しました。

Q3 岩倉遣欧《けんおう》使節団はイギリスではどこを訪れたのですか。

A3 岩倉具視《ともみ》*を団長とする遣欧《けんおう》**使節団が、アメリカを経由してリヴァプール港に到着したのは、一八七二年八月一七日のことです。約八カ月間滞在したアメリカでは盛大な歓迎をされましたが、条約改定***の交渉はうまくいかず、次の訪問地イギリスにむかいました。

一行はリヴァプールから列車でロンドンにむかいました。岩倉全権大使はすぐにヴィクトリア女王との謁見を希望しましたが、八月のこの時期、女王はスコットランドのバルモラル城におり、閣僚《かくりょう》は休暇《きゅうか》中、議会も休会中でした。

そこでイギリス政府は、使節団がイギリス各地を訪れ、政治、経済、文化、軍事などのさまざまな見学をするスケジュールをたてました。これには、帰国中だった駐日公使ハリー・パークスが尽力《じんりょく》し、使節団一行からたいへん感謝されています。

***……引率役には、のちに外務卿となる寺島宗則、実業界に入る五代友厚、留学生には初代文部大臣となる森有礼などがいた。

*……（一八二五～一八八三年）公家出身の政治家。

使節団の公式報告書である『特命全権大使米欧回覧実記』にのせられた銅版画。ロンドンのシティにある新市場（ニュー・マーケット）

こうして、約四カ月間のイギリス滞在では、ロンドンからブライトン、マンチェスターなどを経てスコットランドへむかい、大都市からハイランド地方にまで足をのばしました。イギリスでの見学先は、各種工場、造船所、市場、炭鉱、博物館、教会、学校、新聞社など多岐《たき》にわたり、陸軍の演習や艦船の参観もありました。

アメリカ同様、条約交渉には何の成果もありませんでしたが、一行はイギリスの大工業の発展に大きな衝撃《しょうげき》を受けました。しかし、彼らはロンドンのイースト・エンドのアヘン窟《くつ》****がある貧民街《ひんみんがい》も訪れています。イギリスの影の部分をみた彼らは何を感じ、どのように考えたことでしょう。

Q4 「蛍《ほたる》の光」はイギリスの歌なのですか。

A4 「蛍《ほたる》の光」の原曲は、「オールド・ラング・ザイン」という古いスコットランド民謡《みんよう》で、ルーツはケルト音楽です。作曲者は不明ですが、歌詞はスコットランドの詩人ロバート・バーンズが、従来の歌詞を書きなおしたものです。詩*の中身は、旧友と再会し思い出話に酒を酌《く》み交《か》わすというもので、欧米では毎年大晦日《おおみそか》のカウントダウンのときの歌として知られています。

日本では明治維新後、西洋流の音楽教育の導入にあたり、アメリカ留学経験

**……一八七一年一二月から一八七三年九月まで、日本から、米英のほかフランスなど一〇カ国に派遣された大使節団。岩倉具視を正使とし、政府首脳や留学生をふくむ総勢一〇七人で構成されていた。

***……治外法権の撤廃、関税自主権の回復、外国軍隊の日本上陸禁止など。

****……アヘンを売って吸わせる施設のこと。一八六〇年代、ロンドンに中国人が急増し、中国人経営のアヘン窟には中国産のアヘンが流れ込んだ。

*……「蛍の光」英文歌詞の日本語訳（一部）
忘れがたき古き友よ
思い出すことがなくとも
忘れがたき古き友よ
どれだけ時間が経とうとも
遠き昔のために　友人よ
遠き昔のために
友情の杯（さかずき）を酌み交わそう
遠き昔のために

がある伊沢修二**を長として、音楽取調掛《とりしらべがかり》***という教育機関がつくられました。

このとき、お雇《やと》い外国人教師としてアメリカから招かれて指導したのが、ルーサー・ホワイティング・メーソンです。そして一八八一年から翌年にかけて、文部省《もんぶしょう》音楽取調掛編の音楽教科書『小学唱歌《しょうか》集』が出版されました。

『小学唱歌集』に収録《しゅうろく》された九一曲のうち、多くは外国の曲で、そこに日本語の歌詞がつけられていました。そのなかの「蛍の光」（当時の曲名は「蛍」）をふくむ約一割がスコットランド民謡です。それらはアメリカの学校で歌われていた曲からの選曲とされていましたが、今日では、スコットランド民謡集や讃美歌集から採用されたと考えられています。

「蛍の光」の歌詞を書いたのは、伊沢が校長をつとめていた東京師範《しはん》学校****で和文と漢文を教えていた稲垣千頴《いながきちかい》です。彼は伊沢に請《こ》われて音楽取調掛の一員となり、他の歌の歌詞も担当しています。「蛍の光」*****は原曲の歌詞とは関係なく、蛍雪《けいせつ》の功《こう》を積んで学問に励《はげ》み、学校を去るにあたり友に別れを告げ、国家のために尽《つ》くすことを誓う、卒業式用の歌とされました。

**……伊沢修二は長野県出身の教育者、のちに貴族院議員。

***……一八七九年設置。一八八七年に東京音楽学校、現在の東京芸術大学音楽学部になった。

****……のちの東京教育大学、現在の筑波大学。

*****……のちに三番、四番がつくられ、領土を広げていく日本の国家主義的な歌詞が加えられた。四番はさらに「台湾の果ても、樺太も、」と変えられた。

蛍の光、窓の雪、
書（ふみ）読む月日、重ねつゝ、
何時（いつ）しか年も、すぎの戸を、
開けてぞ今朝は、別れ行く。

止まるも行くも、限りとて、
互（かたみ）に思ふ、千万（ちよろず）の、
心の端を、一言に、
幸（さき）くと許（ばか）り、歌ふなり。

筑紫の極み、陸（みち）の奥、
海山遠く、隔（へだ）つとも、
その真心は、隔て無く、
一つに尽くせ、国の為。

千島の奥も、沖縄も、
八洲（やしま）の内の、護（まも）りなり、
至らん国に、勲（いさお）しく、
努めよ我が兄（せ）、恙（つつが）無く。

Q5 戦艦三笠《みかさ》は、イギリスでつくられたのですか。

A5 日露戦争の日本海海戦で活躍した連合艦隊の旗艦《きかん》三笠《みかさ》は、現在、神奈川県横須賀《よこすか》市の三笠公園でみることができます。進水から一〇〇年以上も経過しているのに良好な状態で保存されている鋼鉄《こうてつ》艦は、世界でも稀《まれ》だそうです。

日清戦争後、日本はロシアに対抗するために大軍拡をすすめ、海軍は戦艦を六隻、巡洋《じゅんよう》艦を六隻配備する六・六艦隊計画をたてました。しかし、当時の日本はまだ、多くの軍艦の建造を外国の造船会社・兵器会社に発注していました。イギリスには、日清開戦前の一八九三年から日露戦争の前までに二七隻も発注しています。

三笠は、イギリスの西海岸、バロー港のヴィッカース社の造船所で建造されました。リヴァプールから北へ一〇〇キロメートルほどのところです。ヴィッカース社はイギリスを代表する造船会社でしたが、第一次世界大戦後にはアームストロング社と合併《がっぺい》して世界的な軍需《ぐんじゅ》＊会社となりました。

日露戦争で活躍した六隻の戦艦、富士・八島《やしま》・敷島《しきしま》・朝日・初瀬《はつせ》・三笠はすべてイギリスで建造されています。三笠は一九〇二年に竣工《しゅんこう》し、ただちにスエ

戦艦三笠（一九〇五年）

＊……機関銃、機関砲、戦車、軍艦、航空機を開発・製造した。

ズ運河を経由して横須賀に回航されました。のちにヴィッカース社は、日本海海戦での三笠の活躍を誇《ほこ》りとし、日本海軍と密接な関係をもち、日本の造船技術の発展に貢献したといわれます。

日本海海戦の勝利には、イギリス製の軍艦だけでなく、日英同盟**にもとづくイギリスの戦争協力もありました。ロシアのバルチック艦隊は、ヨーロッパからアフリカ南端を迂回《うかい》して日本海まで七カ月の長い航海をしましたが、その間、イギリスの妨害《ぼうがい》によってほとんど寄港できませんでした。このため兵士の休養や訓練はもちろん、水や食糧の補給すら十分にできなかったのです。

**……ロシアに対抗するために一九〇二年に結ばれた。日露戦争でイギリスは、軍事的な援助だけでなく、日本の戦争公債を引き受けるなど経済的援助もおこない、日本の勝利を支えた。

14 イギリス帝国の時代

アフリカを支配するセシル・ローズの風刺画（一八九二年）

一九世紀の中ごろ、イギリスの繁栄ぶりは「パックス・ブリタニカ」とよばれました。古代ローマ帝国による支配の安定を表現した「パックス・ロマーナ（ローマの平和）」になぞらえた言いかたです。圧倒的な力を背景に、世界中にイギリスの支配がおよび、世界は争いのない「平和」になったというのですが、その支配を維持するためには戦争がおこなわれました。

Q1 ヴィクトリア女王はインドの「女帝」にもなったのですか。

A1 プラッシーの戦いからちょうど百年後の一八五七年、東インド会社の傭《よう》兵《へい》（シパーヒー）が、デリー郊外のメーラトの兵営で蜂起《ほうき》しました。きっかけは新式銃の弾薬包*のことでしたが、背景には、彼らの出身地である藩王国の廃止や、給与や昇進など軍隊内での不満がありました。

*……弾薬包は口で噛み切る必要があり、そこにヒンドゥーにとっては神聖な牛の油や、ムスリムにとっては嫌われる豚の油が塗られていた。この受け取りを拒否した兵が処罰されたことがきっかけとなった。

反乱軍は、イギリスに実権を奪われていたムガル帝国の皇帝を擁立《ようりつ》して、反乱には藩王から農民までが参加し、地域は全インドの三分の二に広がりました。これをイギリスではインド大反乱、インドでは第一次インド独立戦争とよびます。

反乱は一年以上つづきましたが、指導者がいない反乱軍側には混乱が生じ、イギリスも藩王たちの思惑《おもわく》を利用して反撃しました。イギリス軍は捕《と》らえた反乱軍の捕虜《ほりょ》を大砲で吹き飛ばしたり、街路樹の枝につるしたりして、むごたらしく処刑しました。ムガル皇帝は降伏してビルマに流され、ムガル帝国は滅亡します。

一八五八年、イギリスはインド統治《とうち》を任せていた東インド会社の権限を国王に移し、インドを国王直属《ちょくぞく》の植民地としました。本国にはインド省と大臣が新設され、その監督のもと、総督《そうとく》が現地で統治**することになりました。

一八七七年一月、ヴィクトリア女王は「インド女帝***」となり、インド帝国が成立しました。即位式はインドでおこなわれず、かわりにインド総督リットン****がデリーで大謁見《えっけん》式をおこないました。女王は「女帝」の称号がお気に入りだったといわれます。

ヴィクトリア女王にインド女帝の帝冠を贈るディズレーリの風刺画（一八七六年）

**……反乱後は強圧的な支配をさけ、宗教や民族などを利用してインド人どうしを対立させて統治する、巧妙な「分割統治」がおこなわれた。

***……女性の皇帝を女帝とよぶ。国王・女王は皇帝よりも格下の位置づけとなる。

****……彼の息子が、満州事変の際、国際連盟の調査団をひきいたリットンである。

◆映画『Queen Victoria 至上の恋』（一九九七年、ジョン・マッデン監督）原題は『ミセス・ブラウン』。夫を亡くした傷心のヴィクトリア女王と、スコットランド人の従僕ブラウンの交流を描く。

Q2 セシル・ローズはどのようにして南アフリカに植民地を拡大したのですか。

A2 イングランドの牧師の家に生まれたセシル・ローズは、生まれつき病弱だったため、一七歳のときに、気候がよい南アフリカにあるイギリスの植民地に送られました。そこではローズの兄が綿の栽培をしていたのです。健康を取り戻したローズは、一攫千金《いっかくせんきん》を夢みて、兄とともにキンバリー*のダイヤモンド鉱山で働くことになりました。

一八八〇年、ローズはデ・ビアス社を設立します。この会社は、のちにキンバリーの全ダイヤモンド鉱山を支配する大会社になりました。ローズらイギリス人は、アフリカ人や外国からの労働者を、驚くほどの低賃金と苛酷《かこく》な労働条件で使い、利益をあげました。

大資産家となったローズは、財力を背景に、政界へ進出します。一八八四年にはケープ**植民地政府の財務相《ざいむしょう》、一八九〇年には植民地政府の首相の座を手に入れました。こうして彼は、植民地を拡大しようとするイギリス政府の、南アフリカにおける代理人となりました。

このときローズは、警察権や統治権をもつ「イギリス南アフリカ会社」をすでに設立していました。これらの権限は、イギリス政府の要人を買収し、アフ

*……現在、南アフリカ共和国の都市。

**……アフリカ大陸南端のケープ植民地は、一七世紀にオランダによって建設された。その後、フランス革命からナポレオン戦争にかけての混乱に乗じてイギリスが占領し、一八一四年、ウィーン会議で正式にイギリス領となった。

セシル・ローズ

リカ人の権利をまったく無視して得たものです。一八九四年、会社は遠征隊を北部に派遣《はけん》し、残虐《ざんぎゃく》な殺戮《さつりく》をおこなって、広大な土地を手に入れました。支配地の広さは、なんとイギリス本国の四倍半以上です。そして、征服者である自分の名から、この地を「ローデシア（ローズの国）」と名づけました。

ローデシア***は、一九二三年にはイギリスの直接支配下に入り、隣の南アフリカ連邦とともに、イギリスによるアフリカ支配の基盤の一つとなりました。

Q3 世界最初の万国博覧会はロンドンで開催されたのですか。

A3 そうです。一八五一年にロンドンで、最初の万国博覧会が開催されました。しかし博覧会としては、一七九八年のパリの内国博覧会が最初です。その後ロンドン万博までには、ヨーロッパ各地で博覧会が開催されました。それは新しい工業製品や産業技術、美術工芸品を多くの人に紹介し、産業をさかんにするためで、人びとの大きな楽しみ、娯楽《ごらく》でもありました。

ロンドン万博の会場は、市中心部の王立公園ハイド・パーク。人びとは展示会場のクリスタル・パレス*に目をみはりました。巨大な温室のようなガラス**板と鉄骨の建物です。それは世界一のイギリスの工業力をみせつけるものでした。建物中央部の屋根がかまぼこ型の半円筒形をしているのは、生《は》えていた三本

***……一九二三年に自治植民地南ローデシアが、一九二四年に直轄植民地北ローデシアが成立した。それぞれ現在のジンバブエ共和国とザンビア共和国にあたる。

クリスタル・パレスの絵（一八五一年）

の巨木をそのまま建物のなかに取り込むためでした。会場の半分のスペースにはイギリスとその植民地の出品が展示され、残り半分が各国に割り当てられました。

来場者は、半年間の会期で六〇〇万人。その多くは、料金＊＊＊を安く設定した月曜日から木曜日までの来場でした。収支は一九万ポンドの黒字を出し、収益金などでヴィクトリア・アンド・アルバート博物館や科学博物館、いくつかの専門学校などが設立されました。

一八六二年、ロンドンでは二回目となる万博が開催され、このとき初めて日本製品＊＊＊＊が展示されました。幕府は参加に積極的でなかったため、展示品はイギリスの駐日総領事《そうりょうじ》オールコックが個人的に集めたものでした。漆器《しっき》や根付《ねつけ》などの工芸品が高く評価され、のちのジャポニズムの契機《けいき》になったとされます。

Q4 イギリスからカナダやオーストラリアへ、子どもだけの移民がおこなわれたのですか。

A4 イギリスの児童移民の歴史は古く、一六一八年に浮浪児《ふろうじ》がアメリカ入植地に送られたのが最初とされます。子どもたちは、生まれ育った土地や家族と切り離され、本人の意思とは無関係に移民させられました。

カナダは、一九世紀末から一九三〇年代までに、慈善《じぜん》団体や政府機関をつう

＊……万博終了後は解体され、ロンドン郊外のシデナムの地に移設、活用された。一九三六年に失火により焼失。

＊＊……全長五六四メートル、幅一二四メートルの建物に、ガラス三〇万枚と鉄四五〇〇トンが使われた。工法は、規格品のパーツを現地で組み立てる世界初のプレハブ工法で、短期間で完成し、人びとを驚かせた。

＊＊＊……月～木曜日は一シリング、金曜日は二・五シリング、土曜日は五シリング、日曜日は休館。このため、曜日により来場者の階層が異なった。

＊＊＊＊……日本の初参加は一八六七年のパリ万博。江戸幕府、薩摩藩、佐賀藩が出展。

じて、一〇万人の児童移民を受け入れたとされます。また、イギリス政府がかかわったオーストラリアへの最初の児童移民は、一九一二年にはじまりました。イギリス政府やオーストラリアの連邦、州が、教会などの慈善団体に資金を提供したのです。児童移民は、イギリスにとっては社会福祉問題の解決になり、オーストラリアにとっては人口を増やし、労働力を確保できました。

児童移民で送られたのは、親と死別した孤児《こじ》だけではありません。貧困や親のアルコール依存を理由に、親から引き離された子どももいました。親が生きていても、行政だけの判断で、人手が足りない植民地に送ったのです。

移民先では、施設で満足な教育も受けられないまま、子どものうちから男子は肉体労働者、女子は家事奉公《ほうこう》人などの仕事につかされました。施設や引き取られた里親のもとで虐待《ぎゃくたい》され、精神的・肉体的に傷ついた子どもも少なくありません。

こうした事実は近年[*]明らかになりました。イギリスの社会福祉士マーガレット・ハンフリーズが、四歳のときにオーストラリアに送られた女性からの手紙を読んだことがきっかけとなりました。告発したハンフリーズらに対しては、「過去を蒸《む》しかえすな」という非難がよせられました。しかし、二〇〇九年一一月に[**]オーストラリア政府が、翌年一月にはイギリス政府が、児童移民政策についての公式な謝罪《しゃざい》をおこないました。

カナダへむかうイギリスの児童移民

＊……マイケル・モーパーゴ『希望の海へ』評論社、二〇一四年。主人公のアーサー・ホブハウスは、幼いころ家族と引き離され、何も知らずにイギリスからオーストラリアに送られ、ほかの子どもとともに奴隷のように使われた。

＊＊……第二次世界大戦後は、ヨーロッパの戦災孤児や浮浪児がオーストラリアに送られた。

◆映画『オレンジと太陽』（二〇一〇年、ジム・ローチ監督）イギリスの児童移民制度の実態を調査、告発したハンフリーズの実話を描く。

Q5 豪華客船《ごうか》タイタニック号はなぜ沈没《ちんぼつ》したのですか。

A5

一九一二年四月一〇日夜、タイタニック号*は二二〇〇人以上の乗員乗客を乗せ、ニューヨークにむけ、イギリスのサウサンプトンを出港しました。一四日、大西洋を半分以上横断したところで、カナダ沖に氷山《ひょうざん》があるという情報を他の船から受けましたが、特別な警戒態勢《けいかいたいせい》はとりませんでした。

四月一四日二三時四〇分、多くの乗客が衝突《しょうとつ》や震動《しんどう》を感じましたが、原因はわかりませんでした。しかし、船底には氷山との衝突で穴があき、海水が一気に流れ込んでいたのです。

タイタニックは豪華《ごうか》さだけでなく、安全対策にも力を入れていました。船は水密隔壁《すいみつかくへき》で一六に区画《くかく》され、設計では四区画までは浸水《しんすい》しても沈まないはずでした。しかし、六つの隔壁が破壊され、SOSの遭難《そうなん》信号を送っても、付近からの応答はありませんでした。

避難《ひなん》の際にパニックはおこりませんでしたが、救命ボート**の数は、乗客の半分にも足りませんでした。しかも、定員の半分しか乗らないまま海におろされたボートもあり、結局、ボートには七〇〇人あまりが乗っただけでした。マイナス二度の海に飛び込んだ人の多くは、体温が下がってしまう低体温症で溺死《できし》

*……イギリスの船会社ホワイト・スター・ライン社が建造した、全長二六九メートル、総トン数四万六〇〇〇トン、乗員乗客約三〇〇〇人の大型豪華客船。大西洋横断航路の需要競争に勝つために建造され、この航海が最初の航海だった。

タイタニック号、一九一二年四月一〇日

**……当時、救命ボートは、近くの救助船まで乗客を運ぶためのものとされ、全員を乗せるものとは考えられていなかった。

しました。また、沈没《ちんぼつ》で海水がうず巻くなか、砕《くだ》けた船体の瓦礫《がれき》と衝突して死んだ人もいました。犠牲者は、一、二等船客とくらべ三等船客の割合が大きかったことから、避難時の乗客のあつかいが問題とされました。

一九八五年、アメリカとフランスの調査団が、深さ約三八〇〇メートルの海底に横たわるタイタニック号を発見しました。船体はそのまま沈んだともいわれてきましたが、真っ二つに折れていました。最近の分析では、沈没の原因は衝突によってできた穴ではなく、氷点下でもろくなった鉄板が、衝突ではがれたためとされています。

◆映画『タイタニック』(一九九七年、ジェームズ・キャメロン監督) 階級が異なる男女のロマンスと大事故をリアルに描く。タイタニック号の沈没事故は、数多く映画化されている。

15 第一次世界大戦とイギリス

ソンムの戦いに登場したマークI型戦車

イギリスには、第一次世界大戦に関する記念碑《ひ》が、第二次世界大戦の記念碑よりもはるかに多くあります。それだけ第一次世界大戦による犠牲、影響は大きなものでした。第一次世界大戦は、さまざまな意味で、現代の戦争のはじまりとされます。今日の中東問題や各地の民族紛争《ふんそう》の種が生まれ、戦争による深刻な精神の障害も、めだってあらわれるようになりました。

Q1 世界最初の戦車はイギリスでつくられたのですか。

A1 そうです。第一次世界大戦*がはじまると、数カ月で戦線は行きづまり、前進しなくなりました。機関銃などの登場で、歩兵は敵も味方も塹壕**《ざんごう》にたてこもり、遠くから長距離砲が交《か》わされる戦いとなったのです。こうした事態を進展させ、塹壕を突破して前進するために開発されたのが、戦車です。

＊……第一次世界大戦でのイギリスの軍人の死者は、植民地などもふくめ二一万人。第二次世界大戦では植民地をふくめ三八万人。

＊＊……歩兵が敵弾をよけるために掘られた溝。第一次世界大戦の西部戦線では、スイス国境から北海まで、七〇〇キロメートルにおよんだ。

鉄条網《てつじょうもう》や塹壕がはりめぐらされたデコボコの地面では、装甲車《そうこうしゃ》も自由に動けませんでした。そこに農業用トラクターのキャタピラ***がヒントをあたえました。車輪とちがい、キャタピラならば塹壕の溝をこえられます。戦車の開発は極秘《ごくひ》とされ、移動時には姿を防水シートでおおい、戦線に水を運ぶ「タンク」だと説明されました。諸説ありますが、戦車をタンクとよぶ由来の一つです。

一九一六年九月一五日、北フランスのソンムの戦いで、イギリス軍の戦車「マークⅠ《ワン》」が初めて登場しました。作戦には四九両が派遣されましたが、トラブルや故障のため、まともに戦闘に参加できたのはわずか九両といわれます（五両という説もある）。しかし、戦車を初めてみたドイツ兵にとって、それは機械じかけの巨大な化け物でした。おそろしさのあまり、パニック状態になったり、戦車の射程《しゃてい》に入らないうちから逃げ出す部隊もありました。これは当初だけのことでしたが、イギリスの新聞で大々的に報道されました。

「マークⅠ」は八人乗りで室内はせまく、乗員は高温、煙、臭《にお》いなどに苦しめられました。また、故障が多く、操縦《そうじゅう》がたいへんで、振動《しんどう》もひどかったといわれます。こんな戦車でも、イギリス軍はドイツ軍に対してかなりの戦果をおさめ、戦車の評価を高めました。

***……キャタピラは、イギリスの農機具メーカーで開発されたが、のちに特許権がアメリカのホルト・キャタピラ社に譲渡され、キャタピラの名称が広まった。

◆映画『西部戦線異状なし』（一九三〇年、ルイス・マイルストン監督）一九二九年にドイツの作家レマルクが発表し、ベストセラーとなった反戦小説の映画化。

◆映画『戦場のアリア』（二〇〇五年、クリスチャン・カリオン監督）開戦最初の冬、北フランスの戦場で英・仏・独軍がともにクリスマスイヴを祝い、その後それぞれ自軍から罰せられた実話にもとづく。

◆映画『ザ・トレンチ〈塹壕〉』（一九九九年、ウィリアム・ボイド監督）一九一六年夏、二日間で六万人が死んだソンムの戦いの塹壕戦を描く。

Q2 「シェル・ショック」とは何のことですか。

A2 第一次世界大戦中、西部戦線でおこなわれた塹壕戦は、泥にまみれ、砲撃しあう持久戦となりました。兵士は塹壕のなかで、日々長時間、近距離で破裂する砲弾の音と爆風、恐怖にさらされます。そうした塹壕戦から帰還した兵士の一部に、おかしな症状があらわれました。

外傷《がいしょう》はないのに、身体や顔に起きるけいれん、まひ、歩行困難、失語《しつご》、記憶喪失《そうしつ》などの症状です。当初は個人的な問題とみられましたが、症状はイギリス兵だけでなく、ドイツやフランスなどでもみられました。イギリスでは、砲撃を障害の原因と考えたことから、「シェル・ショック（砲弾ショック）」とよばれました。

精神に支障《ししょう》をきたして国内に送還《そうかん》された兵士は、初めは一般病院に収容されました。しかし、戦いがいっそう激しくなると、専門の施設が国内にも前線にも設置されました。「シェル・ショック」*という名称も、原因は砲撃だけではないことがわかり、「戦争神経《しんけい》症」とよばれるようになります。

その後、第二次世界大戦では、兵士個人の性格や能力にかかわりなく、戦争が長期にわたるとたいていの兵士がおちいる症状であることが明らかになりま

ソンムにつくられたイギリス軍の塹壕

*……戦後の一九二二年、六万人以上が公式にシェル・ショックとみなされたが、政府、軍は臆病者の言いわけととらえた。

した。そしてヴェトナム戦争以降、アメリカでは、帰還兵が社会復帰するときの心理的な障害が大問題となり、「心的《しんてき》外傷後《がいしょうご》ストレス障害（PTSD）」として広く知られるようになりました。

Q3 「アラビアのロレンス」は実在の人なのですか。

A3 「アラビアのロレンス」として知られる人物は、トーマス・エドワード・ロレンス*です。映画『アラビアのロレンス』では、メッカの太守《たいしゅ》フサインがおこした、オスマン帝国へのアラブの反乱で活躍するロレンスが描かれています。

第一次世界大戦でイギリス**は、ドイツ側で参戦したオスマン帝国とも中東で戦いました。一九一六年六月、オスマン帝国へのアラブの反乱がおきますが、それは前年、イギリスがフサイン・マクマホン協定でアラブに、オスマン帝国からの独立を約束したからでした。国内で反乱がおきれば、オスマン帝国は外国との戦争に集中できなくなります。さらにイギリスは、バルフォア宣言***では、パレスチナにユダヤ人が「ナショナル・ホーム」をつくることを支持し、またサイクス・ピコ協定****では英仏露で中東を支配するための勢力範囲を決めていました。

*……（一八八八～一九三五年）第一次世界大戦後は外務省や植民地省でアラブ問題にかかわった。陸軍を除隊直後、オートバイの交通事故で亡くなった。

**……オスマン帝国支配下の地域について、イギリスは英仏で支配する意志をもちながら、アラブ、ユダヤ人にそれぞれ秘密の約束をした。これはイギリスの三枚舌外交とよばれ、今日までつづく中東の混迷の原因となっている。

***……一九一七年発表。イギリスはユダヤ人からの財政援助を期待した。

****……一九一六年の英仏露間の協定。

ロレンスは、オクスフォード大学で考古学を学び、中東で遺跡の調査をしていました。大戦がはじまると、カイロでイギリス軍の情報将校としてつとめ、フサインとの連絡係となります。ロレンスはアラビア語を話し、アラブの衣装をまとい、アラブの人びととも仲間意識が生まれたようです。映画では、砂漠でゲリラ戦を展開するロレンスが描かれますが、実際に力強く勇敢《ゆうかん》な人だったのかもしれません。

このロレンスを「アラビアのロレンス」、「アラブの反乱の指導者」と紹介したのは、アメリカ人記者のローウェル・トーマスでした。彼は中東戦線の映画講演会に多くの観客を集め、マスコミの協力を得てロレンスを国民的な英雄としたのです。しかしアラブの側では、ロレンスは反乱の指導者ではなく、彼がアラブの指揮官であったこともないというのが一般的な見かたです。

メッカでのロレンス（一九一七年）

◆映画『アラビアのロレンス』（一九六二年、デヴィッド・リーン監督）主演ピーター・オトゥール。史実とは異なるロレンスが描かれているが、スケールの大きな画面は勇壮。

Q4 アイルランドで起きたイースター蜂起《ほうき》とは何ですか。

A4 第一次世界大戦中の一九一六年四月二四日、*イースター・マンデーの日に、アイルランドの首都ダブリンで、武装した約一〇〇〇人のアイルランド人が、中央郵便局など中心部の建物を占拠《せんきょ》しました。そしてリーダーのパトリック・ピアーズは、**アイルランド共和国の樹立を宣言しました。

*……キリスト教の復活祭（日曜日）の翌日の月曜日。イギリスでは祝日。

**……一九一四年にアイルランド自治法が成立したが、政府は第一次世界大戦の勃発を理由に実施を延期。これへの反発が蜂起につながった。

イギリスはただちに、大砲や機関銃をもつ二万の兵を送ります。蜂起側には旧式の銃しかなく、民衆の支持も得られず、土曜日にはやむなく降伏しました。するとイギリスは指導者一五人をただちに軍事裁判にかけ、銃殺刑にしました。さらに、蜂起に参加していない人までもが投獄《とうごく》されました。こうした苛酷《かこく》な弾圧は、アイルランド人の激しい愛国心をよびおこし、独立支持へとむかわせました。

アイルランドはイングランドと同じくイギリスを構成する一部でしたが、アイルランド人は長い間その支配に抵抗し、二〇世紀に入ると独立運動は激しくなりました。蜂起から二年後の一九一八年、完全独立をめざすシン・フェイン***党が選挙で圧勝すると、イギリス議会への出席を拒否して、ダブリンにアイルランド国民議会がつくられました。また、弾圧を強行するイギリスに対し、各地でゲリラ戦****が展開されました。

第一次世界大戦後の一九二一年、イギリスは、アイルランドの北部六州*****をイギリスに残すかわりに、南部二六州を自治領として認める提案をします。これはまさに植民地を分割統治《ぶんかつとうち》する方法でした。こうして同年、北部を除いたアイルランド自由国******が成立します。一九三七年、アイルランド自由国は憲法を制定し、「エール」*******というアイルランド語の国名を採用して共和国となりました。

***……一九〇五年設立の、アイルランドの民族主義政党。党名はアイルランド語で「われわれ自身」。イースター蜂起にも関与した。

****……「イギリス・アイルランド戦争」とよばれる。軍や警察への襲撃、要人の暗殺、イギリス軍による報復と陰惨なものになり、一九二一年夏に休戦が実現した。

*****……アルスターとよばれ、イギリスを支持するプロテスタントが多数派を占める。

******……南部二六州のみの分離独立を認める者と、全島の独立を主張する者が対立。激しい内戦となったが、一九二三年に前者が勝利した。

*******……一九四九年以降は、対外的には英語のアイルランド共和国が正式名称となっている。

◆映画『マイケル・コリンズ』（一九九六年、ニール・ジョーダン監督）主演リーアム・ニーソン。アイルランドのカリスマ的独立運動家マイケル・コリンズの生涯を描く。史実と異なるとの批判も受けた。

◆映画『麦の穂をゆらす風』（二〇〇六年、ケン・ローチ監督）アイルランド独立戦争とその後の内戦を、活動家の兄弟を通して描く。

◆映画『アンジェラの灰』（一九九九年、アラン・パーカー監督）フランク・マコートの自伝的小説の映画化。大恐慌の一九三〇年代のアイルランドを描く。

Q5 世界最初の女性参政権はイギリスで実現したのですか。

A5 女性参政権は、一八九三年、当時はイギリス自治領だったニュージーランドで初めて成立しました。イギリスで実現したのは今から一〇〇年前の一九一八年、第一次世界大戦終結の七カ月前でした。このときの改正では、二一歳以上の男性すべてに選挙権が認められ、女性には三〇歳以上で一定の財産があることなどの条件がつきました。これでは、女性参政権運動を担《にな》った若い働く女性たちは、排除されたままです。

イギリスでは、一九世紀後半から女性参政権運動がさかんになり、世紀の変わり目に、運動は二つの大きな組織にまとまりました。一八九七年に設立された、穏健《おんけん》な活動をして最大の組織となる女性参政権協会全国同盟*と、一九〇三年に結成された、エミリン・パンクハーストとその娘たちを中心とする女性社会政治同盟です。

女性社会政治同盟は、「言葉でなく行動」を合言葉に、労働者と連携して運動を展開しました。警察の弾圧が強まるなか、社会の関心をよぶための**闘争戦術***をとり、官公庁などへの投石や、商店の窓ガラスの破壊、郵便ポストへの放火、手製爆弾の爆破事件をおこしました。メンバーはつぎつぎと逮捕されます

*……女性参政権協会全国同盟の会員は約五万人。suffrage（参政権）から「サフラジェット」を名乗った女性社会政治同盟は、最盛時約二〇〇〇人とされる。二〇一八年、前者の指導者ミリセント・フォーセットの銅像が、国会議事堂前広場に建てられた。

演説をするエミリン・パンクハースト

**……資金と関心を得るため、紫・白・緑をシンボルカラーとして身につけた。「Votes for Women」（女性に選挙権を）というブランド名で紅茶、チョコレートやバッジ、ポスター、機関紙の販売もした。

が、獄中ではハンガーストライキをして抵抗しました。

　エミリン・パンクハーストは、何回逮捕され何度監獄に入れられたか、正確にはわからないといわれます。女性参政権実現の背景には、こうした粘《ねば》り強い運動と、大戦中の女性の社会進出がありました。

　男女同等の参政権が実現したのは、一九二八年七月でした。パンクハーストはその前月に亡くなりました。現在、国会議事堂近くの公園に、彼女の銅像があります。

＊＊＊……主要メンバーのエミリー・デイヴィソンは、国王に訴えるため、一九一三年のダービー競馬で国王の馬の前に身を投げ、四日後に死亡した。彼女の葬列の映像は、世界各国で大きな影響をあたえた。

◆映画『未来を花束にして』（二〇一五年、サラ・ガヴロン監督）原題は『Suffragette（サフラジェット）』。若い働く女性が運動に参加していく過程をメインに、パンクハーストやデイヴィソンが登場する。

16 第二次世界大戦とイギリス

防空壕となったロンドンの地下鉄駅（一九四〇年）

第二次世界大戦では、フランスが一年もたたないうちに降伏し、イギリスは孤立無援《こりつむえん》で戦うことになりました。イギリス各地はドイツ軍に爆撃されます。アジアでは、一九四一年一二月、日本軍が*マレー半島、香港《ホンコン》、ハワイを攻撃。イギリスが東南アジアの拠点《きょてん》としていたシンガポールが占領され、威信《いしん》は大きく傷つきました。しかし、日本の攻撃はアメリカを参戦に踏みきらせ、大戦の流れを大きく変えていきます。

*……一二月八日、日本軍はマレー半島コタバル海岸上陸から二時間後に、ハワイのパールハーバーを攻撃した。一九四〇年に日本は日独伊三国同盟を結んでおり、日本に宣戦したアメリカはドイツ・イタリアにも宣戦、第二次世界大戦に参戦した。

Q1 国王をやめた人がいるのですか。

A1 一九三六年一月、国王ジョージ五世が亡くなりました。ドイツではヒトラー政権が大きく勢いを増していたときです。新国王は四一歳で、まだ独身だった長男のエドワード八世でした。彼には数々の恋愛経験があり、当時は結婚を望んで同棲《どうせい》する恋人がいました。スタンリー・ボールドウィン首相は、即位直後から、王と話しあいをはじめます。

　恋人は、二歳年下でアメリカ人のウォリス・シンプソンでした。離婚歴があり、イギリスで再婚し夫のいるこの女性を、国王は王妃《おうひ》にしたいと考えていたのです。離婚を禁じるイングランド国教会はもとより、王室や政府、議員の多くも、この結婚には反対でした。

　国王は「王冠を選ぶのか、それともウォリスを選ぶのか」とせまられます。結局、国王はウォリスを選び、一二月には退位を表明、議会も承認しました。在位は三二五日間。イギリス史上、みずからの希望で退位した国王は、このエドワード八世**だけです。

　新国王には弟のヨーク公が、ジョージ六世として即位しました。彼は幼いときから病弱で、吃音《きつおん》症がありました。海軍に入り、他国の王族とではなく意中のエリザベスと結婚し、二人の娘の父でした。ジョージ六世は、突然王位を押しつけられ、一〇歳の長女エリザベスも、にわかに王位を継ぐ者となりました。

　第二次世界大戦がはじまると、ロンドンはドイツ軍の空襲《くうしゅう》（↓123ページ）にさらされます。しかし国王は避難《ひなん》せず、ロンドンにとどまりました。バッキンガム宮殿に爆弾が落ちたときは執務《しつむ》中で、九死に一生を得たといわれます。戦争中もロンドンで市民とともにいた国王夫妻の行動は、国民を励《はげ》まし、称賛《しょうさん》されました。

エドワード八世とウォリス・シンプソン（一九三六年）

**……退位後、ウィンザー公として爵位と年金があたえられ、ウォリスと結婚してパリで暮らした。

◆映画『ウォリスとエドワード　英国王冠をかけた恋』（二〇一一年、マドンナ監督）現代ニューヨークの女性の人生と、一九三〇年代にエドワードを愛したウォリス・シンプソンの人生を交互に描く。

◆映画『英国王のスピーチ』（二〇一〇年、トム・フーパー監督）主演コリン・ファース。ジョージ六世が王妃に支えられ、吃音症を克服するまでを描く。

◆映画『ロイヤル・ナイト　英国王女の秘密の外出』（二〇一五年、ジュリアン・ジャロルド監督）ドイツ降伏の日の夜、エリザベス王女が妹王女とともにロンドンの街で戦勝を祝った史実にもとづく物語。

Q2 ミュンヘン会談でイギリスはヒトラーを支持したのですか。

A2 一九三八年九月、ドイツのミュンヘンに、イギリス、フランス、ドイツ、イタリアの四カ国の代表が集まりました。ドイツのアドルフ・ヒトラーが、隣国チェコスロヴァキアに、ズデーテン地方の割譲《かつじょう》を要求したためです。ドイツは軍事力を背景にオーストリアを併合《へいごう》したばかりでした。ズデーテン地方はドイツと国境を接し、ドイツ系住民が多く住む地域です。会議は、当事国のチェコスロヴァキアを除いてひらかれました。

イギリス代表の首相ネヴィル・チェンバレンは、ズデーテン地方を求めるヒトラーの要求を認め、フランスも同意します。帰国したチェンバレンは「戦争を避けることに成功した」と、国民に大よろこびで迎えられました。このように外交で譲歩《じょうほ》し、平和を維持しようとする政策は、宥和《ゆうわ》政策とよばれます。しかし、強国の言いぶんを認める宥和政策は、第二次世界大戦につながったと指摘されます。

イギリスの宥和政策は、このときが初めてではありませんでした。日本による満州事変、ドイツの再軍備*やラインラント進駐《しんちゅう》、イタリアによるエチオピア侵略、そしてスペイン戦争**に対しても、積極的に反対する行動をとりませんで

ミュンヘンに集まった英仏独伊の首脳。いちばん左がチェンバレン、中央がヒトラー、右隣にムッソリーニ

した。反対によって戦争がおき、イギリス帝国が解体することをおそれたからです。さらに、最大の脅威《きょうい》はドイツではなくソ連だ、ソ連をおさえるためにドイツや日本の勢力拡大を利用しよう、という考えがありました。

さて、ドイツの領土拡張政策は、ミュンヘン会談後もつづきました。一九三九年九月一日、ドイツ軍がポーランドに侵攻したのです。宥和政策は失敗しました。しかしイギリスがドイツに宣戦布告したのは九月三日でした。このときに至ってもなお、イギリスは宥和政策をとるべきかと揺《ゆ》れたのです。

Q3 ロンドン空襲はどんなものでしたか。

A3 ロンドンが初めて空襲を受けたのは、第[*]一次世界大戦のときでした。ドイツ軍のツェッペリン飛行船などが爆撃したのです。

第二次世界大戦では、フランス降伏後の一九四〇年九月から翌年にかけて、ドイツ軍がイギリス本土上陸をめざして、ロンドンや各地の都市を空襲しました。イギリス空軍とドイツ空軍の戦いは、「バトル・オブ・ブリテン」とよばれます。

ロンドンは連日空襲を受けます。主な被災地はイースト・エンド地区で、バッキンガム宮殿も爆撃されました。各地の空襲による民間人犠牲者は四万人

*……ドイツはヴェルサイユ体制の打破をかかげ、一九三五年に徴兵制の復活と再軍備を宣言する。当初イギリスは抗議したが、のちには事実上、再軍備を追認した。

**……一九三六年におきたスペイン戦争では、共和国政府に対し反乱をおこしたフランコ将軍らを、ナチス・ドイツとイタリアが公然と支援した。これに対してイギリスは、フランスとともに不干渉の立場をとり、反乱軍に勝利をもたらした。

空襲を受けたロンドン

をこえ、うち半分がロンドン市民といわれます。ロンドンでは、地下鉄の駅構内などが防空壕として使われました。空軍の奮闘《ふんとう》と、一九四一年六月の独ソ戦開始によって、イギリスはひとまず空襲をしのぎます。

一九四四年になると、ジェット・エンジン推進のV1《ワン》や、ロケット推進のV2《ツー》といったミサイルが、ドイツ占領下のオランダやフランスからロンドンに打ち込まれました。その命中精度は低く、市街地が破壊され、約九〇〇〇人が犠牲となりました。

大戦の後半になると、イギリスは連合国による反撃の拠点《きょてん》となります。一九四五年二月、英米両軍の爆撃機が、ドイツ東部のドレスデンを無差別爆撃しました。のべ一三〇〇機による爆撃で、町の大半を破壊し、約**二万五〇〇〇人の市民が犠牲となりました。

戦争はすでに終結間近で、ドレスデンにはとくに軍事施設もなく、無抵抗でした。イギリスでは空襲に対する批判の声があがり、アメリカでもドレスデン空襲の非人道性が問題にされました。

*……このときのロンドンの空襲の犠牲者は六〇〇人あまりだった。

**……ドレスデン空襲の犠牲者数は確定していない。

◆映画『ダンケルク』（二〇一七年、クリストファー・ノーラン監督）一九四〇年、フランスのダンケルク海岸からの連合軍の大撤退を描く。チャーチル首相は救出のため、民間の漁船、ヨットも総動員させた。

Q4 ユダヤ人の子どもたちをイギリスに送って助けたのですか。

A4 第二次世界大戦開始直前の一九三八年から、ドイツやオーストリア、チェコなどに住むユダヤ人の子どもたち約一万人が、主にイギリスに送られ、命を救われました。ドイツ語で「キンダートランスポート*（子どもの輸送）」とよばれます。

一九三三年、ドイツにヒトラー政権が誕生すると、ユダヤ人団体とクエーカー教徒によって、ナチスに迫害《はくがい》される人びとの国外脱出を助ける活動が活発になりました。クエーカーとは、キリスト教の一派で、一七世紀にイングランドで生まれ、平等主義と平和主義の理念をもつことで知られています。

当初、イギリス政府は移民の受け入れに消極的でした。しかし、費用は出さない、社会に適応できる一七歳までの子どもと若者に限るという条件で、入国を許可**します。子どもたちは親と別れ、最低限の荷物とわずかなお金しかもつことを許されませんでした。

イギリスに着いた子どもたちは、各地の里親に引き取られました。オーストラリアに送られた子どももいます。しかし、その後家族が殺された子どもが多く、戦後に家族と再会できた子どもはわずかでした。

*……児童文学『くまのパディントン』の作者マイケル・ボンドは、パディントンのイメージは、子どものころにみたキンダートランスポートの子どもたちによると語っている。

**……背景には、イギリスが委任統治していたパレスチナにおけるユダヤ人の移住制限に対する批判や、対ドイツ宥和政策への批判をかわす目的があったとされる。

ニコラス・ウィントン（二〇〇七年）

この運動は個人でもおこなわれ、ニコラス・ウィントンなどが知られています。ロンドンの株仲買人《なかがいにん》だったウィントンは、みずからの資金で、一九三九年三月から開戦直前までに、チェコから六六九人の子どもを脱出させることに成功しました。

Q5 日本軍によるイギリス人捕虜《ほりょ》虐待《ぎゃくたい》が問題になったのですか。

A5 日本軍の捕虜《ほりょ》となったイギリスなど欧米諸国の兵士約一三万人のうち、三万五〇〇〇人以上が亡くなりました。この死亡率は約二七パーセントで、ドイツ軍とイタリア軍下の捕虜の死亡率約四パーセントとくらべ、はるかに高いことがわかります。さらに、戦後帰還して後遺症《こうい》や精神疾患《しっかん》に苦しんだ元兵士の数も、相当な数にのぼるといわれます。

死亡の原因と指摘される日本軍の捕虜「虐待《ぎゃくたい》」とは、収容所の衣食住の劣悪《れつあく》さ、医療の貧困、強制労働、暴力や拷問《ごうもん》などです。よくとりあげられる泰緬鉄道《たいめんてつどう》*の建設には、約六万人の連合国の捕虜と、大量のアジア人労働者**が動員されました。約一万二〇〇〇人の捕虜が死亡した難工事で、イギリスでは、元捕虜が収容所や工事現場での体験を記した本が三〇〇冊以上も出版されているそうです。

◆映画『ニコラス・ウィントンと669人の子どもたち』（二〇一一年、マティ・ミナーチュ監督）一冊のスクラップブックから、ウィントンの活動が明らかになり、一九八八年、ユダヤ人の子どもたちと彼との再会が実現する。

◆映画『ホロコースト　救出された子供たち』（二〇〇〇年、マーク・ジョナサン・ハリス監督）当時の映像、生存者へのインタビューからなるドキュメンタリー。

*……タイとビルマを結ぶ、四一五キロにおよぶ鉄道。一九四二年六月建設開始、翌年一〇月完成。建設に多くの死者を出したため、「死の鉄道」とよばれる。

**……タイ、ミャンマー、マレーシア、インドネシアなど、約二〇万人のアジア人労働者のうち死亡者は、イギリスの推定で約七万四〇〇〇人である。

戦後、イギリスでは、戦争中の日本軍による捕虜虐待***がつねに問題とされてきました。一九七一年の昭和天皇のイギリス公式訪問や、昭和天皇の死去の際にも、対日批判が声高《こわだか》におこりました。

そうしたなか、わずかですが、民間で和解の努力が積み上げられてきました。イギリス人と結婚した恵子・ホームズは、クリスチャンの立場から、日本で働かされた元捕虜を探しだし、日本を訪れる交流活動をおこなっています。また、泰緬鉄道の建設に陸軍の通訳としてかかわった永瀬《ながせ》隆《たかし》は、戦後、自身の証言活動と、日英の兵士の和解につとめました。現在では、和解の地となったタイのカンチャナブリー****に、戦争博物館と彼の像がたてられています。

カンチャナブリーの鉄橋

永瀬隆の像

***……日本軍の捕虜虐待をあつかった戦後のBC級裁判は、適切な法的手続きをふまず、短期間に処理された「報復的」なものとも指摘される。しかも、日本軍兵士ではなく、実際に捕虜の監督にあたった朝鮮や台湾出身の軍属に、かなりの責任が押しつけられた。

****……カンチャナブリー駅近くに慰霊塔、連合軍共同墓地、泰緬鉄道博物館もある。

◆映画『戦場にかける橋』（一九五七年、デヴィッド・リーン監督）泰緬鉄道のクウェー川鉄橋の建設を中心に、タイ、ビルマ国境の日本軍捕虜収容所における日英両軍兵士を描く。

◆映画『クワイ河に虹をかけた男』（二〇一六年、満田康弘監督）泰緬鉄道建設で通訳をした永瀬隆の贖罪と慰霊、和解の旅を追ったドキュメンタリー。

17 第二次世界大戦後のイギリス

スエズ戦争で英仏軍の攻撃を受けたポートサイド（1956年11月5日）

戦後イギリスでは、福祉国家をめざす政策がすすめられました。一方、植民地はつぎつぎに独立をめざし、もはや植民地をもつ帝国でいることは困難でした。スエズ戦争の失敗は、まさに帝国の終焉《しゅうえん》を象徴するものです。外交・軍事政策は、米ソが対立する冷戦構造のなかに組み込まれたのです。厳しい社会・経済状況のなかでイギリスは、危機と可能性の時代をむかえます。

Q1 「ゆりかごから墓場まで」とは何のことですか。

A1 イギリスは、世界に先がけて社会福祉を充実させた国とされます。それを象徴する言葉が「ゆりかごから墓場まで」です。赤ん坊が生まれると出産手当、死亡すると葬儀手当が支給され、その間には児童手当、医療手当、失業保険、老齢年金と、政府が手厚く手当や年金を支給する体制がつくられました。

国家による福祉の歴史は古く、エリザベス一世の時代の一六〇一年にできた、貧民の救済を目的とした救貧法*にさかのぼります。しかしこの法は、失業者や浮浪《ふろう》者を「犯罪者」とみなすなど、真の目的は、経済や生活面での不満の増大をおさえ、安定した政権を維持することにあったといわれます。「ゆりかごから墓場まで」の福祉政策は、第二次世界大戦後の労働党アトリー政権で実現されました。

ロンドンのスラム街で貧困問題にとりくんだクレメント・アトリーは、一九四五年七月、ヨーロッパ戦線終結後の総選挙で社会主義的な政策をかかげ、大戦下で国民をひきいたチャーチルの保守党の二倍近い議席を得て圧勝。主要産業・鉄道の国有化などとならんで、福祉政策を展開しました。

一九四八年にはＮＨＳ**（国民健康サービス）を実施し、すべての人が医療サービスを無料で受けられるようになりました。当時は、診断《しんだん》・投薬《とうやく》・手術・出産などに加えて、歯科や眼科、入れ歯やメガネまで無料でした。現在では歯科は一般的には対象から外れるなど変化がみられますが、医療は基本的に無料です。***国民の多くはＮＨＳを利用しており、外国人も条件を満たせば利用することができます。

＊……救貧法は何度も修正されたが、救貧支出が増大した。一八三四年に新救貧法が制定されたが、社会的弱者に自立して働くことを強いるものだった。

クレメント・アトリー

＊＊……各種の保険を統一し、国民のすべてが受益できることを提案した、大戦中の一九四二年に出されたベヴァリッジ報告がもととなった。国民は戦争だけでなく、貧困・失業・病気などの恐怖から逃れることも切望していた。

＊＊＊……現在ＮＨＳのシステムは、財政や運営上の問題があらわれている。所得が高い人や外国人のなかには、ＮＨＳを使わず、高額の私立の病院を利用する人もいる。

◆映画『ウィンストン・チャーチル』（二〇一七年、ジョー・ライト監督）第二次世界大戦期の首相チャーチルを描く。

Q2 スエズ戦争はイギリスがおこしたのですか。

A2 そうです。一九五六年一〇月、イギリスはフランス*を誘い、イスラエルを動かして、共同でエジプトに攻撃をしかけ、スエズ戦争（第二次中東戦争）をはじめました。きっかけは、七月にエジプトのナセル大統領が発表した、**スエズ運河国有化宣言です。スエズ運河はそれまで***イギリスのものでした。

イギリスは、スエズ運河会社の大株主として莫大《ばくだい》な利益を得ていました。さらに、スエズ運河を軸《じく》とする中東地域の支配は、世界戦略上の要《かなめ》でした。エジプトが管理すれば、通航料を支払わねばならず、航行は自由でなくなり、原油の供給《きょうきゅう》にも不安が生じます。スエズ戦争は、植民地の民族運動によって自国の権益が危機にさらされたときに、軍事力で制圧するという、帝国主義的な行動でした。

戦いはイギリス側が優勢でした。しかし、ソ連をふくめ国際世論は英仏とイスラエルの侵略を非難し、アメリカも冷戦の激化をおそれて反対しました。イギリス連邦のなかでは、オーストラリアなどは支持しましたが、インドは厳しく批判しました。イギリスは孤立しました。

さらに、国際市場ではイギリスの通貨ポンドが大規模に売られ、ポンド危機

*……フランスは、このときおこなわれていたアルジェリア戦争の背後にはナセルがいると考え、イスラエルは第一次中東戦争で獲得した地域の確保・拡大が目的だった。

**……ナセルは、アスワン・ハイ・ダムの建設資金を確保するために、スエズ運河株式会社の国有化にふみきった。スエズ運河問題は、エジプト民族主義運動にとって最大のテーマであった。

***……一八七五年にイギリスは財政難のエジプトからスエズ運河株式会社株を購入し、運河支配の手がかりをつかんだ。一八八二年、イギリスはエジプトを軍事占領し、一九二二年にエジプトの独立を認めたが、一貫して運河の権益を主張していた。

が追い打ちをかけました。結局、翌一一月、国連総会****での即時停戦決議を受け、イギリスは停戦を受諾《じゅだく》しました。

スエズ戦争の失敗は、大国イギリスの威信《いしん》を揺《ゆ》るがし、イギリス*****が中東から撤退する契機《けいき》となりました。もはや、イギリス一国が国際情勢を思いどおりに動かせる時代ではなくなったのです。他方、運河の国有化を実現し、政治・外交的に勝利したナセルは、「アラブの英雄」と称賛《しょうさん》され、エジプトは中東での指導力を増しました。

Q3 ジェームズ・ボンドには実在のモデルがいるのですか。

A3 ジェームズ・ボンドは、作家イアン・フレミング*のスパイ**小説の主人公で、イギリス政府の秘密情報機関ＭＩ６***の工作員です。フレミングは、第二次世界大戦中に海軍情報部に勤務しており、戦後、その経験をもとに、第一作『カジノ・ロワイヤル』からはじまるシリーズを書きました。小説は娯楽《ごらく》性が豊かで、世界各地の名所を舞台にした映画は世界的な人気を集め、これまで二五作もつくられました。

映画第一作の『００７は殺しの番号　ドクター・ノオ』は一九六二年の作品ですから、もう五〇年以上もつづいていることになります。まさに、スパイア

****……アメリカは安全保障理事会で即時撤退決議を出したが、英仏が拒否権を行使して対立したため、総会に停戦決議が出された。

*****……一九六八年、イギリスはスエズ以東のアジアからの軍隊の撤退を表明した。

*……（一九〇八～一九六四年）

**……イギリスにおけるスパイの歴史は古く、エリザベス一世の時代にまでさかのぼり、スペインの無敵艦隊を破ったときに活躍したといわれる。

***……軍事情報部第六課の略称。外務省の管轄下にあるＳＩＳ（情報局機密情報部）の組織の一つ。

クション映画の金字塔《きんじとう》といってよいでしょう。これまで六人の俳優がジェームズ・ボンド役を演じてきましたが、なんといっても初代ボンドのショーン・コネリーは強烈なイメージを残しました。

イギリス政府が情報機関の設立に動くのは、二〇世紀初頭のことです。国内にドイツのスパイ網《もう》があるという理由でした。陸軍のもとに国内局（MI5）、海外局（MI6）が設けられ、統合も検討されましたが実現せず、現在****ではどちらも陸軍を離れています。

両組織とも、第二次世界大戦までは対ドイツ、冷戦下では対ソ連の活動が主なものでした。同時に、国内の社会主義者や労働運動などへの監視もおこない、工作員の違法行為が問題になっています。最近では、イラクが大量破壊兵器をもっているという、MI6の事実ではない情報が、イラク戦争開戦の口実となりました。ジェームズ・ボンドのような現実離れした工作員の存在は、小説や映画のなかだけのものです。

Q4 北アイルランド紛争《ふんそう》とは何ですか。

A4 イギリス領北アイルランドでは、多数を占めるプロテスタント系住民が、政治や経済などの主導権をにぎってきました。一九六八年にはじまる北

ロンドンにあるMI―6の本部

****……MI5は内務省の保安部となり、MI6は外務省所属（実態は首相直属）の秘密情報部となった。それまでの名称は、通称として使われている。

アイルランド紛争は、少数派のカトリック系住民が「二級市民」としてあつかわれていたことが背景にあります。

カトリック系住民は、さまざまな不利なあつかいを受け、*選挙制度や公営住宅の入居《にゅうきょ》割り当てなど、プロテスタント系住民とは大きな差がありました。一九六〇年代後半になると、選挙制度などでの差別の廃止を要求する公民権運動がおきました。

これに警察は情け容赦《ようしゃ》ない弾圧を加え、対立は深刻なものとなります。警官の多くがプロテスタントでした。イギリス政府はついに軍隊を派遣し、一九七二年一月「**血の日曜日事件」がおきました。さらにイギリス政府は、北アイルランドの議会を停止し、直接統治《とうち》にふみきります。

北アイルランドは、***IRAを中核とするカトリック系過激派と、プロテスタントの過激派、さらにイギリス軍が争う、三つどもえの内戦状態となりました。多くの市民がテロのまきぞえとなり、住民間の対立と憎悪《ぞうお》がかきたてられました。やがてIRAがイギリス本土でも爆弾テロを開始すると、犠牲者はさらに増大しました。

一九八四年には、ブライトンで開催された保守党大会がIRAのテロの標的となり、マーガレット・サッチャー首相（→144ページ）が宿泊していたホテルも爆破されました。

*……納税者のみが地方選挙権をもち、高額納税者は一人六票までもつことができた。公民権運動では「一人一票」がスローガンとなった。

**……カトリック側から「軍はプロテスタント側にたっている」との批判が出るなか、軍がロンドンデリーでカトリック教徒のデモ隊に発砲し、一三人が殺害された事件。

***……IRAは、北アイルランドのカトリック系武装組織であるアイルランド共和国軍の略称。統一アイルランドをめざすIRAは分裂し、北アイルランド紛争で一般にIRAとよばれるのは、武装闘争主義をとった暫定派をさす。

一九九八年、ようやく北アイルランド紛争をめぐる和平合意****が成立します。三〇年間の犠牲者は三二〇〇人にのぼりました。

Q5 「イギリス病」とはどんな病気のことですか。

A5 「イギリス病」とは、一九六〇～七〇年代に経済が停滞《ていたい》したイギリスの状況をさす、日本で生まれた用語です。ドイツやフランスが経済発展するなかで、イギリスは、ほかのヨーロッパ諸国から「ヨーロッパの病人」とよばれました。

経済停滞の原因は、日本のマスコミ報道では、イギリスの古い階級社会や教育制度のほか、充実した社会保障によって最低限の生活が保障され、強い労働組合によって雇用《こよう》が確保されているために、労働者の労働意欲が低いことなどが強調されました。一九六〇～七〇年代のイギリスは、インフレと失業、貿易収支の赤字、ポンド危機と、深刻な経済問題をかかえていました。政府が労使関係の見直しに乗りだすと、それに対する抗議《こうぎ》ストライキや、インフレに対応した賃上げを要求するストライキが多発し、さらに経済に打撃をあたえました。

一九七八年から七九年にかけての冬、公共部門の*ストライキでバスは止まり、役所は閉鎖《へいさ》、ごみも放置され、国民生活に大きな影響がおよびました。一九七

****……一九九七年にＩＲＡ暫定派は停戦を宣言し、のちに武装解除も確認された。しかし暫定派を離脱した一部は、「真のＩＲＡ」を標榜して活動をおこなっている。

◆映画『父の祈りを』（一九九三年、ジム・シェリダン監督）ロンドンのテロ事件で誤認逮捕され、刑に服したアイルランド人青年とその父の、再審へのたたかいを描く。一九七四年の実話による。

*……ストライキは国民の反発を買うことになったが、マスコミの歪曲した報道が、労働組合やストライキ参加者への否定的イメージをつくりだしたとされる。

九年五月の総選挙で保守党は、「イギリス病」は労働党の福祉政策によって広まった悪《あく》平等が原因だと主張し、競争**原理を導入して経済を活性化すると訴《うった》えて、勝利します。誕生したサッチャー政権は、「強くて小さな政府***」をめざし、歳出《さいしゅつ》削減や福祉切り捨て政策をとりました。

しかし近年は、経済発展や繁栄はかならずしも人びとを満足させるものではないとする考えから、一九七〇年代の歴史像の見直しがおこなわれ、イギリスの「衰退《すいたい》****」や「イギリス病」という時代のイメージの再検討*****がすすんでいます。

**……サッチャー政権は、石油・鉄鋼・ガス・航空など二〇をこす国営企業や公社を民営化し、経済を活発にしようとした。

***……政府の財政支出をおさえ、経済活動への法的な規制を減らす政策。国民の税負担は減るが、民営化により公共事業や公的サービスも減る。

****……経済の停滞の原因についても、保守党と労働党の政権交代により経済の基本政策が定まらなかったからとする説もある。

*****……「危機の時代」としてではなく、民衆文化が開花し、民衆が自己決定権と自己実現を追求していった「可能性の時代」としてとらえる見かたもある。

◆映画『ブラス!』（一九九六年、マーク・ハーマン監督）実話をもとに、サッチャー政権がすすめた炭鉱の閉鎖とたたかう労働者と、彼らを団員とするブラスバンドが苦難のなか全国大会で優勝するまでを描く。

18 イギリスの暮らしと文化

ピーターラビット

イギリスの文化は世界中に広まり、各地のさまざまな生活に定着しているものが多くあります。それは、広大な植民地を支配した帝国であったからという理由だけではありません。イギリスの文化そのものが、外部からのいろいろな民族や文化の融合《ゆうごう》によってなりたち、複雑な味とハーモニー、そして温かいユーモアをもつからではないでしょうか。

Q1 『ハリー・ポッターシリーズ』のほかに、どんなジュニアむけの本がありますか。

A1 一八四三年のディケンズの『クリスマス・キャロル』から年代順に、イギリスの有名な作品をあげてみましょう。『不思議の国のアリス』『フランダースの犬』『黒馬物語』『宝島』『幸福な王子』『ジャングル・ブック』*『ピーターラビットのおはなし』『砂の妖精』『ピーター・パン』『たのしい川

*……一九〇二年、ビアトリクス・ポター作。これより二〇世紀の作品。

べ』『ドリトル先生シリーズ』『クマのプーさん』『風にのってきたメアリー・ポピンズ』『ホビットの冒険』『時の旅人』『ナルニア国物語』**『床下の小人たち』『第九軍団のワシ』『指輪物語』『くまのパディントン』『トムは真夜中の庭で』『チョコレート工場の秘密』『思い出のマーニー』『黒いランプ』『風が吹くとき』『ブラッカムの爆撃機』『戦火の馬』『ウォーリーをさがせ！』『マチルダ***は小さな大天才』……。

テーマは、妖精や魔法使いが出てくるファンタジー、冒険もの、歴史もの、動物もの、過去の大戦や核戦争をとりあげたもの、少年少女の日常や成長など、さまざまです。さらに、『アリーテ姫の冒険』（一九八三年）はフェミニズム運動を背景に新しいお姫さま像を提示し、『チョコレート・アンダーグラウンド』（二〇〇三年）ではチョコレート禁止法に子どもたちがレジスタンス（抵抗運動）をおこします。ディズニーやアニメ、ゲーム、キャラクターになった作品も多いですが、なんといっても、自分で読む原作からは、自分独自の物語の世界、イメージが生まれます。

児童文学の背景には、一九世紀****後半からの公教育による初等教育が育てた小さな読者たちがいました。読み書きは世界を広げ、疑問をわかせ、考える力を育てます。そのときに何を読むか、何を読まされるかが重要になります。

**……一九五〇年、C・S・ルイス作。これより第二次世界大戦後の作品。

***……一九八八年、ロアルド・ダール作。『ハリー・ポッター』シリーズの第一作は一九九七年。

****……一八七〇年の初等教育法の制定にはじまる。同法は一八六七年の都市労働者への選挙権の拡大に対応して、労働者を体制内に取り込むことを意図した。一八九一年公立初等教育の無償化が実現。二〇世紀初頭には初等教育の就学率は八八パーセントになった。

◆映画『ハリー・ポッターと賢者の石』（二〇〇一年、クリス・コロンバス監督）J・K・ローリング原作の世界的ベストセラー小説第一巻の映画化。第七巻まですべて映画化された。

Q2 ビートルズが勲章《くんしょう》をもらったという話は本当ですか。

A2 一九六二年に「ラヴ・ミー・ドゥ」でデビューしたビートルズ*は、世界中の若者をとりこにし、音楽だけでなくファッションや行動、発言、ライフスタイルにも大きな影響をあたえたグループです。しかし、一九六五年にビートルズに勲章《くんしょう》があたえられると発表されると、大騒ぎになりました。

その勲章**はMBE（イギリス帝国勲爵士《くんしゃくし》）という、主に軍人にあたえられるもので、それほど高い権威《けんい》はありません。しかし退役《たいえき》軍人たちは、「ビートルズへの叙勲《じょくん》は、勲章の品位を落とす」といって、つぎつぎに勲章を返しはじめました。メンバーの一人のジョン・レノン***はこうした反応に、「戦争で人を殺した人たちより、音楽で人を楽しませた自分たちのほうが勲章をもらうにふさわしい」と反論しました。

勲章を推挙《すいきょ》したのは、労働党のハロルド・ウィル

ビートルズ（一九六四年）

*……当時、演奏者自身による作詞作曲はめずらしかった。彼らの刺激的なメロディとハーモニー、たくみなリズムとコーラスの背景には、黒人音楽をはじめ、さまざまな音楽の影響があった。

**……のちには、ビートルズの音楽をプロデュースしたジョージ・マーティン、メンバーのポール・マッカートニーに、ナイトの称号があたえられた。ナイトは貴族の身分ではなく、あくまで勲位で、一代の称号。二〇一八年にはメンバーのリンゴ・スターにもナイトが贈られた。

***……ポール・マッカートニーとともに、ビートルズの作品の多くを作詞作曲した。ビートルズ解散後は、ソロとしてアメリカを拠点に活動。一九八〇年に、ニューヨークの自宅近くで射殺された。

ソン首相でした。ウィルソン政権は、深刻な経済問題に直面するなかで、一八歳以上に選挙権をあたえる選挙法改正をうちだしていました。叙勲の理由は、ビートルズの音楽活動が外貨獲得に貢献したこととされていますが、本当は若者層の支持を得ようとするねらいがあったともいわれます。

叙勲から四年後、ジョンは勲章を返還します。添えられた手紙には、ビアフラ戦争へのイギリスの介入、アメリカがおこなっているヴェトナム戦争へのイギリスの支持に対する、抗議《こうぎ》が記されていました。ジョンは勲章返還を、自分の平和運動の行動の一つにしようとしたのでした。

Q3 イギリス博物館は入場料が無料なのですか。

A3 そうです。館内での写真撮影も自由です。イギリス博物館*にかぎらず、ロンドンにある国立の美術館や博物館は、特別展を除いて入場無料です。イギリス博物館は、開館にあたって国の資金がなかったため、公営宝くじを販売して資金をつくりました。一八世紀半ばの開館以来、ずっと入場料は無料です。

現在は、一〇〇〇人をこえる職員の人件費や光熱費などの運営費を、国の支出と博物館自身の資金調達**でまかなっています。有料化すべきだという声もあ

＊……British Museum。日本では一般に「大英博物館」とよばれるが、ここではこの名称を使用する。

＊＊……館内の各所に募金箱をおき、寄付を募っている。収蔵品関連グッズの売り上げも大きい。

りますが、保守党のサッチャー政権時代、当時のデヴィッド・ウィルソン館長は断固拒否しました。その後、労働党のブレア政権は芸術・文化を重視する政策をとり、博物館や美術館などへの補助金を約束します。

イギリス博物館の起源は、著名な医者であったハンス・スローン***の収集品でした。スローンの患者には、国王をはじめ上流階級の人たちがたくさんいました。書籍《しょせき》や絵画、宝石や鉱石、昆虫や動物などの標本、コインや古美術品など七万一〇〇〇点のコレクションが死後ちりぢりになることをおそれたスローンは、遺言《ゆいごん》で、彼の娘二人に二万ポンドを支払うという条件で、コレクションを一般公開するよう国家に寄贈《きぞう》しました。

議会は、先に寄贈されていた書物と合わせて博物館を建設することを決め、一七五三年に博物館法が制定されました。翌五四年には、現在博物館があるブルームズベリ地区のモンタギュー邸《てい》が購入され、一七五九年に一般に公開されました。

Q4 ミュージカルの『キャッツ』や『オペラ座の怪人』は、イギリスでつくられたのですか。

A4 世界でもっともミュージカル公演がさかんな国はアメリカですが、イギリス生まれのミュージカルが、ニューヨークのブロードウェイで大ヒッ

***……（一六六〇～一七五三年）アイルランド出身。

イギリス博物館

トしています。シェイクスピア（↓43ページ）を生んだイギリスでは、演劇は観ることも演じることも、人びとのありふれた楽しみの一つです。

世界初のミュージカルとされる音楽劇『乞食《こじき》オペラ』は、一八世紀にロンドンで初演されました。一九世紀には、ギルバートとサリヴァン*が、ミュージカルの原形となる作品をつくります。

二〇世紀に入り、アメリカでミュージカルがさかんになると、イギリスでもアメリカからの輸入作品が人気になりました。しかし作曲家アンドリュー・ロイド・ウェバー**の登場によって、立場は逆転します。彼は一九七一年の『ジーザス・クライスト・スーパースター』***で脚光《きゃっこう》を浴《あ》び、『エビータ』『キャッツ』『スターライト・エクスプレス』と、立てつづけに世界的な大ヒットを飛ばしました。彼の音楽はロック・ミュージックで、一度聞いたら忘れられない個性的なメロディが特徴です。

『オペラ座の怪人』****は、一九八六年にロンドンで初演され、八八年にニューヨークのブロードウェイで開演されました。この作品は、ブロードウェイ史上最長のロングランを記録し、数々の賞を受賞、興業《こうぎょう》的にも大成功した作品といわれます。

ロンドンのウェストエンドにはたくさんの劇場が集まり、常時二〇以上の作品が上演されています。ディズニーなどのアメリカ作品もみられますが、イギ

*……ヴィクトリア朝時代の劇作家ウィリアム・S・ギルバートと作曲家アーサー・サリヴァンは、共同で『ミカド』などのコミック・オペラ（イギリス式オペレッタ）をつくった。

**……（一九四八年〜）一九九二年にナイトの称号をあたえられ、九七年には一代貴族男爵となった。

***……苦悩するキリストと使徒のユダに視点をおいた作品。聖書に忠実ではないなどと、一部のキリスト教関係者から批判があった。

****……原作はフランスのガストン・ルルーの小説。

◆映画『リトル・ダンサー』（二〇〇〇年、スティーブン・ダルドリー監督）一九八四年、サッチャー政権下、不況にあえぐ炭鉱町の少年が主人公。ミュージカル版ではエルトン・ジョンが作曲を担当。

リスの炭鉱町で育った少年ビリーがバレエをつうじて成長していく『ビリー・エリオット』や、『レ・ミゼラブル』『マンマ・ミーア！』も人気があります。

Q5 キツネ狩りが禁止されたのですか。

A5 イギリスではキツネ狩りに対して、かねてから残虐《ざんぎゃく》だとの批判があり、二〇〇五年*から、キツネなどの野生動物のハンティングが禁止されました。キツネ狩りとは、猟銃《りょうじゅう》でキツネをしとめるのではなく、馬に乗った人間が猟犬にキツネを追わせ猟犬の餌食《えじき》とするもので、馬や猟犬をもつ貴族など上流階級の「娯楽《ごらく》」でした。

イギリスは動物愛護《あいご》の国といわれますが、かつては階級を問わず、動物いじめがふつうの娯楽としておこなわれていました。熊《くま》や牛に犬をけしかけ、どの犬が勇敢《ゆうかん》かを賭《か》けるのです。ヘンリ八世は専用の闘技場《とうぎじょう》をつくりました。また、一九世紀初めまで闘鶏《とうけい》や、犬によるネズミ殺しなどが、見世物小屋やパブでおこなわれ、庶民《しょみん》の人気を集めていました。

しかし、農場での動物の酷使《こくし》を禁止する一八二二年のマーチン法**成立をきっかけに、二年後には動物虐待《ぎゃくたい》防止協会が生まれ、これが王立動物虐待防止協会となります。一九一一年には、動物愛護の基本とされる動物保護法がつくら

パブでおこなわれた「ネズミ殺し」。必死に逃げようとするネズミが、隅に積み重なっている

*……二〇〇四年労働党政権のときに「狩猟法」が成立した。

**……リチャード・マーチン議員は、馬・牛・羊への虐待をとりあげて法案をつくった。

れ、何度も改定を重ねます。人権という言葉は日本にもありますが、イギリスには、動物にも人間がもつ権利を認めようとする「動物権（animal rights）」という考えかたがあります。

二〇〇七年には、ペット***に関する包括《ほうかつ》的な虐待禁止法で、厳しい罰則《ばっそく》のある動物保護法が成立しました。ペットの飼い主には「世話の義務」が課せられたのです。二〇一五年、保守党政権がキツネ狩り解禁の動きをみせた際には、猛《もう》烈《れつ》な反対運動がおこり、解禁案は撤回《てっかい》されました。

***……一九五一年には、ペット販売を規制するペット動物法がつくられている。

19 二〇世紀後半のイギリス

サッチャー政権は、それまでの福祉国家をめざす路線を否定し、*市場経済を重視する政策に転換しました。しかし、その一一年間に矛盾《むじゅん》は深まり、退陣《たいじん》を余儀《よぎ》なくされます。かわって登場した労働党のブレア政権は、福祉国家とサッチャー路線の両立をねらい、さまざまな改革にとりくみます。サッチャー政権以降、イギリスはどう変わったのでしょうか。

マーガレット・サッチャー

Q1 サッチャー首相はなぜ「鉄の女」とよばれたのですか。

A1 一九七六年、強硬《きょうこう》な反ソ連演説をおこなった保守党党首のマーガレット・サッチャーを、ソ連陸軍の機関紙が記事のなかで「アイアン・レディ（Iron Lady）」とよんだのが由来です。日本語では「鉄の女」と訳されていますが、「レディ」なので、「女」というよりも、敬意が感じられます。

*……「サッチャリズム」とよばれる新自由主義の諸政策がおこなわれた。徹底的な市場原理の導入、外資の積極的誘致、民営化や規制緩和の推進である。

サッチャーはイギリス最初の女性首相で、一九七九年から一一年の長期にわたり、強硬な政治姿勢で政権を担当しました。

彼女は食料雑貨店の娘として生まれ、公立学校からオクスフォード大学へすすみ、政治家の道に入りました。

首相となったサッチャーの最初の仕事は、インフレの抑制《よくせい》でした。政府支出の削減や金融引き締め策は、失業者を増大させ、格差を拡大して、政権への支持を急落させました。

しかし、一九八二年の**フォークランド戦争の勝利が、彼女を救います。この勝利がイギリス人のナショナリズムを刺激し、保守党は八三年の総選挙で大勝しました。

サッチャー政権は、それまでの「***コンセンサス」を重視した政治を真っ向から否定し、弱者救済（福祉）よりも民間経済の活性化をはかる政策をとります。医療制度への市場原理の導入や、教育の民営化などの方針は、大きな反発をよびました。しかし、抵抗する労働組合を徹底《てってい》的におさえこみ、強硬な姿勢をつらぬきました。

****サッチャー政権について、イギリス経済に活気を取り戻したと評価する人がいる一方、格差を拡大し、社会に分断をもたらしたと批判する人もいます。二〇一三年に死去したサッチャー元首相の葬儀は準国葬《こくそう》となり、女王も参列して、

**……アルゼンチンの南東にあるイギリス領フォークランド諸島の領有権をめぐる戦争。アルゼンチン軍が占領すると、アメリカの承認を得て大軍を送り、サッチャー政権は兵と艦船を失いながら、七〇日あまりでアルゼンチン軍を屈服させた。

***……「コンセンサス」は「合意」だが、「なれあいの政治」という批判もある。従来は、政権が交代しても、政策が受け継がれることが多かった。

****……サッチャー首相に対する評価には厳しいものがある。一九八五年、オクスフォード大学では、首相経験者に対して恒例で贈る名誉博士号が、強い反対で中止された。

◆映画『マーガレット・サッチャー　鉄の女の涙』（二〇一一年、フィリダ・ロイド監督）主演メリル・ストリープ。八六歳となった元首相が過去を回想する。

セント・ポール大聖堂で盛大におこなわれました。しかし各地では、元首相の死を「祝う」集会も開催されました。

Q2 イギリスには白人以外の人がどれぐらいいるのですか。

A2 第二次世界大戦後、かつての植民地から、多くの移民*がイギリスにわたりました。中心は、カリブ海地域**からの黒人と、インドやパキスタンなどからのアジア人です。彼らは偏見《へんけん》や差別を受けながら、イギリス経済を底辺で支えて働きました。

そうしたなか、差別を禁止する「人種関係法」が、一九六五年から三度にわたり制定され、多くのとりくみがなされました。しかし差別は今日でも存在し、雇用《こよう》や収入、教育や住宅などで大きな格差があります。特にサッチャー政権下では、大きな犠牲が非白人の移民に押しつけられ、一九八一年にはロンドンのブリクストン***やサウスオールの暴動をきっかけに、リヴァプールやマンチェスターなど三十数都市に暴動が広がりました。野党は、原因は貧しい人びとに冷たいサッチャー政権の政策にあると、政府を厳しく批判しました。

現在、イギリスの人口****約六四〇〇万人のうち、混血をふくむ非白人の割合は約八パーセント。そのうちインド人などのアジア系が約四パーセント、黒人が

*……最初のジャマイカからの移民船の名にちなみ、一九四八年から七〇年代はじめの移民を「ウィンドラッシュ世代」とよぶ。その子どもたちには、正式な書類のない人が多いため、「不法移民」あつかいされる問題がおきている。

**……一九五八年、カリブ海地域からの黒人の移民が多いロンドン西部ノッティングヒルで暴動がおきた。移民排斥を叫ぶ白人少年らによる暴力行為がきっかけだった。

***……カリブ海系の黒人が多く居住するロンドン南部のブリクストンで、黒人の若者と警官隊が衝突。きっかけは、犯罪撲滅のため警察が街頭尋問を強化したことへの抗議だった。つづいて、インド系住民の多いロンドン西部のサウスオールでも、有色人種追放を叫ぶ白人の若者とインド系の若者が衝突し、多くの負傷者が出た。

****……二〇一一年の人口調査より。イギリスでは一〇年ごとに人口調査がおこなわれる。

約二パーセントです。イギリス生まれの二世、三世もたくさんいます。さらにロンドンでは、白人は人口の約六割で、外国出身者が約四割を占め、不法滞在者もふくめると相当の数にのぼります。九・一一アメリカ同時多発テロ事件以降は、イスラム教徒への対応も厳しくなりました。

白人の不満は、EU*****からの出稼《でかせ》ぎ移民にもむけられています。しかし変化は明らかで、二〇一六年にはロンドンで、パキスタン系のイスラム教徒サディク・カーンが市長になりました。テレビドラマなどでは、女性をふくむ多くの非白人が、ときに差別を受けながらもあたりまえに活躍する姿が描かれています。

Q3 自動車はユーロトンネルを通れないのですか。

A3 イギリスのフォークストンとフランスのカレーを結ぶユーロトンネル*は、自動車用ではなく鉄道トンネルです。バスやトラックなどは、両ターミナルで車両専用の貨車《かしゃ》に積まれてトンネルを通ります。トンネルの長さは約五〇キロメートルで世界第三位、海底区間の長さでは世界一です。開通式は、一九九四年五月六日、エリザベス女王とフランスのフランソワ・ミッテラン大統領が出席して、盛大におこなわれました。

ユーロトンネルが通る英仏海峡《かいきょう》は、幅が約三五キロメートル、水深は中央部

*****……EU諸国からの移民労働者が増加し、とくにポーランド人は六〇万人と多い。近年、中国系の移民もめだつ。

◆映画『ぼくの国、パパの国』（一九九九年、ダミアン・オドネル監督）マンチェスター近郊を舞台に、パキスタン系移民の家族を描く。

◆映画『ベッカムに恋して』（二〇〇二年、グリンダ・チャーダ監督）ロンドン郊外に住むインド系移民二世のサッカー好きな少女を描く。

*……ユーロトンネルは、二本の鉄道トンネルと一本のサービストンネルからなる。真ん中にあるサービストンネルは、保守や換気、緊急避難に使うため、各所で左右の鉄道トンネルと連絡抗で結ばれている。

でも六〇メートルあまりで、さほど深くはありません。海底トンネルの構想は、一八世紀のルイ一五世の時代までさかのぼり、ナポレオン時代には計画案が出されました。一九世紀後半には最初の海底トンネル掘削《くっさく》が試みられ、第二次世界大戦後に建設の動きが本格化しました。一九八六年、英仏両国の首脳が、民間出資による掘削に合意します。ユーロトンネル会社**が工事を開始し、一九九〇年にトンネルは貫通《かんつう》しました。

国際高速列車***「ユーロスター」は、海底部分を三五分で通過し、ロンドンからパリへ平均二時間二〇分で行くことができます。これは東京・大阪間とほぼ同じ距離です。

二〇一五年、フランスのカレーに、イギリスをめざす中東やアフリカからの難民のキャンプ****が生まれました。難民たちは命がけでトラックに乗ろうとし、運転手や警察と衝突《しょうとつ》します。二〇一六年、フランス政府は、難民キャンプの強制撤去《てっきょ》にふみきりました。

Q4 ブレア政権はどんな政権だったのですか。

A4 一九九七年の総選挙*で労働党は、保守党の一六五議席に対し四一八議席を獲得し、圧勝しました。女性議員は倍増して、一二〇人となります。

ユーロトンネル

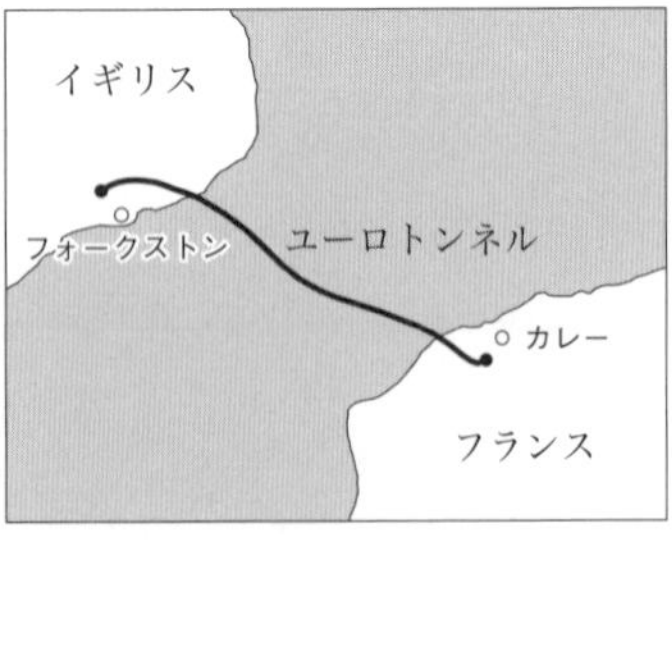

**……総事業費が八四億ポンドと、当初の見積もりを大きく上まわり、車両の設計変更などのために開業が大幅に遅れた。英仏合同のユーロトンネル会社は膨大な負債をかかえて出発し、利用者数も伸びず、二〇〇六年には倒産寸前に。再編新会社として再出発した。

***……料金は、当日購入の場合、二等席で片道二万五〇〇〇円程度となる（イギリスの鉄道は、同区間同一料金ではない）。

****……「ジャングル」とよばれた難民キャンプには、テントやバラックで約七〇〇〇人が生活していた。

*……都市部とスコットランド、ウェールズは労働党が席巻し、イングランドの農村部のみが保守党という色分けになった。

そして、閣僚《かくりょう》経験のない四三歳のトニー・ブレア首相が誕生しました。彼は**「新しい労働党」をとなえ、労働党が主張してきた産業の国有化を否定し、民営化による経済の活性化をめざす路線をうちだし、支持を広げました。

ブレア政権はサッチャー路線を継承《けいしょう》しつつ、改革にとりくみます。前政権が導入した競争主義の教育は否定し、廃止された地方公共団体を復活します。また、イギリス全土で地方分権化をすすめ、スコットランドとウェールズで住民投票をおこない、独自の議会と大幅な自治権を認めました。難しい北アイルランド問題も、アイルランド首相と和平のための協議をすすめるなど前進します。

改革は貴族院にもおよびました。イギリスは上院（貴族院）と下院（庶民《しょみん》院）の二院制で、上院議員は一三三〇人で構成されていました。先祖代々の世《せ》襲《しゅう》貴族七五一人と、歴代の政権が任命した一代貴族など五七九人です。世襲貴族の上院議員には、議会に出てこない議員も多く、ブレア政権はこれを九二人に大幅に削減しました。この結果、上院は六七一人と半数近くに減り、選挙で選ばれる下院議員の数とほぼ同じになりました。

二〇〇三年、ブレア政権は、ドイツ、フランス、ロシアなどの反対をおしきり、アメリカのブッシュ政権のあとについて、国連決議のないままイラク戦争***を開始します。これに対する批判は、世論ばかりか政府内にも広がり、閣僚の辞任が相次いで、支持率****は低下しました。

**……党綱領から「生産・分配・交換の手段の共同所有」を消し、労働党を「民主的な社会主義の党である」と公言した。

トニー・ブレア

***……二〇一六年、イラク戦争独立調査委員会は、「ブレア首相はイラクの脅威を過剰に評価し、平和的な解決手段を尽くす前に侵攻した」と発表した。

****……イラク戦争だけでなく、有権者は新自由主義をとる経済路線へも不信をつのらせた。

Q5 BBCの報道は客観的で公正だというのは本当ですか。

A5 イギリスの公共放送BBC*は、一九二二年のラジオ放送からはじまり、現在はテレビ、ネット配信へと事業を広げています。第二次世界大戦ではBBCラジオが、チャーチル首相の演説や、ナチス占領下のフランスから亡命したドゴール将軍の演説を放送し、また悪い戦況《せんきょう》のニュースも真実のままに伝えました。

報道の特徴は、保守性もありながら、客観的で公平・公正とされます。財源が国費ではなく受信料**であることも、政府からの報道の自由を守るために重要です。エジプトのスエズ運河国有化宣言にはじまるスエズ戦争（↓130ページ）や、フォークランド戦争***（↓145ページ）では、政府から独立した報道をつらぬきました。

二〇〇三年のイラク戦争終結直後には、BBCのアンドルー・ギリガン記者が、アメリカとイギリスが開戦理由とした「イラクの大量破壊兵器」****が存在しなかったことをつきとめて報道し、ブレア政権と激しく対立しました。

二〇〇一年の九・一一アメリカ同時多発テロ事件以降、パブリック・ディプロマシー*****が広まり、外国むけ放送のBBCワールドサービスの役割はより重要

*……英国放送協会。一〇年ごとの国王または女王の特許状で設置されるため、商業放送のような放送法の制限がなく、政府からも独立して自由に活動できる。

**……日本のNHKと異なり、予算決算に議会の承認はいらない。

***……フォークランド戦争の際、サッチャー首相は「BBCの報道はアルゼンチン寄りだ」と強く批判。また、BBCに広告を導入し商業放送化しようとしたが、実現しなかった。

****……ブレア政権は「イラクに四五分以内に配備できる大量破壊兵器が存在する」ことを理由に、アメリカのブッシュ政権がはじめたイラク戦争に参戦した。

*****……広報文化外交。従来の政府間の外交ではなく、民間で異文化間の対話・交流を相互にすすめ、誤った知識を正し理解を深めることによって、他国の世論を自国の味方につけようとする政策。

になっています。「テロリスト」は、別の立場からみれば、「自由のために戦う戦士」かもしれません。ワールドサービスでは、「テロリスト」ではなく、「爆発犯」「誘《ゆう》拐《かい》犯」「攻撃者」「武装集団」などの用語を使い、事実そのものを慎《しん》重《ちょう》に伝えます。

イギリスの言論・出版の自由の背景には、政府との長いたたかい******の歴史があります。公正な報道によって世界から信頼を得ることは、イギリスの利益、国益につながるといえるでしょう。

******……一五三八年、ヘンリー八世の時代に、印刷許可制を導入。一五八六年、エリザベス一世の時代から、印刷出版の事前検閲制度や発行許可制度をつくり、王政への批判を厳重に取り締まった。革命後も、政府が「知識への課税」とよぶ印紙法を一七一二年に制定し、新聞に課税した。値上げで読者を減らし、新聞社から政府批判の自由を奪うのがねらいだった。

20 二一世紀のイギリス

二一世紀に入り、ヒト、モノ、カネ、情報の激しい動きのなかにイギリスもあります。スコットランド独立の住民投票は否決されましたが、EU離脱《りだつ》の国民投票では賛成が反対を上まわりました。離脱交渉は難航《なんこう》し、EU離脱がイギリスに何をもたらすのかは不明です。イギリスでは、格差が拡大し、政治は多極化、社会も多様化しています。

2014年スコットランド独立を問う住民投票で「賛成」「反対」を主張する人びと

Q1 イギリス名物のパブが減っているというのは本当ですか。

A1 イギリスでは、どんな小さな村に行っても、かならず教会とパブがあるといわれます。店名や看板《かんばん》、店内のつくりに歴史が刻まれているパブ*もたくさんみられます。よく飲まれるのは、なんといってもビール、それも常温《じょうおん》発酵《はっこう》タイプの、昔からある「エール」というビールです。

*……現在は廃止されたが、内部が労働者階級用のパブリック・バーと中流階級以上の客用のサルーンに区切られ、入り口も別のパブもあった。

しかし、こうしたパブも、最近の三〇年間で二割[**]以上も数が減りました。とくに、地価の上昇の著《いちじる》しいロンドンでは顕著《けんちょ》です。理由は、安いビールがスーパーで売られるようになった、酒を飲む人が減った、パブでビールを飲む習慣が昔ほどなくなった、などといわれます。

パブの起源は古く、ローマ時代の食堂（タベルナ）で、のちにタヴァーンとよばれた飲食所、街道《かいどう》を行く旅人用のインとよばれる宿、自家製のエールを売るエールハウス、この三つがパブのはじまりといわれます。

パブという名称は、「公共の建物」を意味するパブリック・ハウスの略語で、一九世紀後半から使われるようになりました。単に飲み食いをする場所ではなく、巡回《じゅんかい》裁判や教区の集会、商取引、労働者に賃金を払う場所などとして、日常の暮らしと結びついていました。また、闘鶏《とうけい》や熊《くま》いじめ、ボクシング、芝居などの娯楽《ごらく》も、パブで楽しむものでした。

売却されたパブの跡地は、スーパーやレストラン、住宅などに再開発されています。パブの閉鎖《へいさ》は、地域の雇用《こよう》や消費に影響をあたえ、何よりも地域の生活の拠点《きょてん》が失われます。各地で「パブを救え」という住民運動が展開され、閉店後に住民たちが建物を買い取り、パブ[***]を再開させているところもあります。

**……一九八二年に六万七八〇〇軒あったパブが、二〇一四年には五万一九〇〇軒と、約二三パーセント減ったといわれる。

ロンドンにあるパブのカウンター

***……長い間イギリスでは、アルコール類の販売は、一部を除き一一時から二三時までだった。近年は二四時間営業も可能になったが、営業申請したパブはわずかだという。

Q2 ロンドンでは夏季オリンピック大会が三回も開催されたのですか。

A2 そうです。最初の一九〇八年第四回大会は、人びとの関心がオリンピックに集まりはじめたときでした。当時はオリンピック単独ではなく、万国博覧会との同時開催でしたが、飛び入り参加のような参加者はいなくなり、選手は各国のオリンピック委員会を通してエントリーするようになりました。開会式も開催されるようになり、国旗を先頭にした入場行進がおこなわれました。

二回目は一九四八年で、第二次世界大戦終結後、最初のオリンピックです。日本とドイツは戦争責任国ということで、招《まね》かれませんでした。六年にもわたる戦争のため、戦勝国イギリスの経済も破綻《はたん》寸前でしたので、選手村は建設せずに、兵舎《へいしゃ》や学生寮が使われました。それでも、参加五九カ国、参加者四一〇四人という数字は過去最高で、平和のよろこびと復興への期待がみられます。

三回目の二〇一二年*の大会開催は、パリとの決戦投票で決まりました。ロンドン東部**にスタジアムなどをふくむ広大なオリンピック公園がつくられ、参加者は一万人以上、二六競技三〇二種目が実施されました。日本にとっては初めてのロンドン大会参加です。

二〇一二年ロンドン・オリンピックの開会式。産業革命以前の農村から現代までのイギリスの歴史をたどるショーが演じられた

*……女子のボクシングが新たに種目に加わった。また、プロのサッカー選手で構成されたイギリス代表チームが参加した。

**……イーストロンドンの庶民の町が開発の対象とされ、貧困層が移住を余儀なくされた。

しかし前年には、ロンドンやバーミンガムなどで、都市暴動《ぼうどう》***がおきました。その背景として、オリンピックのための開発による地価高騰《こうとう》、格差社会の進行などが指摘されます。

二〇二四年の開催地はパリ、二〇二八年がロサンゼルスと決定され、どちらの都市もロンドンにつづいて三回目のオリンピック開催となります。

Q3 イギリスの核兵器はスコットランドにあるのですか。

A3 二〇一四年九月一八日、スコットランドで、独立をめぐる住民投票*が実施されました。結果は、反対が五五パーセント、賛成が四五パーセントで、独立は否定されました。このとき、経済問題が大きくとりあげられましたが、じつは核や軍事基地の問題もあったのです。

現在、イギリスの核戦力は、弾道ミサイル搭載《とうさい》の四隻《せき》**の原子力潜水艦のみで、それらはすべてスコットランドのクライド海軍基地に配備されています。スコットランド自治政府をにぎるスコットランド国民党は、独立が成立した場合、核兵器を廃棄《はいき》し領内持ち込みを禁止すると主張しています。

イギリスは一九五二年に、アメリカの技術支援によって、オーストラリア近海で核実験をおこない、米ソに次ぐ第三の核保有国となりました。当時から核

***……暴動の参加者は低所得の若者が多く、暴動はソーシャルメディア（SNS）で拡大した。

*……スコットランドに在住する一六歳以上の人が有権者。投票率は八四パーセントをこえた。

**……原子力潜水艦は、射程が七四〇〇キロメートル以上というトライデントミサイル（SLBM）を搭載、四八発の核兵器を搭載できる。一隻の潜水艦は外洋に出動させ、残りの三隻は待機、修理、訓練をおこなっている。

兵器開発には、労働党をはじめ反対が強く、市民の間にも核兵器反対運動が根強くありました。現在では、安全保障環境の変化や核抑止《よくし》力への疑問などから、核戦力への巨額の支出が問題とされています。潜水艦の母港を失った場合、新基地の建設は軍事的、財政的、社会的に厳しく、イギリスの安全保障政策は根本から揺らぐことになります。

クライドでは、事故への不安から、基地反対運動が以前からあります。スコットランド独立派は、原子力潜水艦だけでなく原子力発電もふくめて核に強く反対し、風力や潮力《ちょうりょく》などの自然エネルギー発電の開発を主張しています。住民投票での独立は実現しませんでしたが、スコットランドでは独立派***がさらに勢力を拡大しています。

Q4 エリザベス二世はイギリスでもっとも在位の長い君主ですか。

A4 二〇一八年現在、エリザベス二世の在位は六六年となり、歴代*最長在位のイギリス君主です。しかし、七〇年にせまる在位期間は、けっして平《へい》穏《おん》な日々ではありませんでした。

王位継承は一九五二年二月六日、二五歳でした。それまでも、父ジョージ六世は病気のために公務を減らし、エリザベス王女が代理をつとめることが増え

クライド海軍基地

***……住民投票の翌二〇一五年におこなわれた総選挙で、スコットランド国民党は、スコットランドで全五九議席中五六議席を獲得した。

*……第二位のヴィクトリア女王の在位期間は、一八三七〜一九〇一年の六四年間。

ていました。翌年の戴冠《たいかん》式**では、テレビ中継***カメラが女王の表情を追い、一気に国民を新しい君主にひきつけました。

女王はイギリス連邦諸国や世界各国を積極的に訪問しましたが、イギリスと植民地とのつながりは弱まり、国際的地位は低下する一方でした。王室のたび重なるスキャンダルも、女王を悩ませました。妹マーガレット王女の不倫《ふりん》、長女アン王女の離婚と再婚、次男アンドルー王子の女性問題、そして深刻だったのが、チャールズ王太子とダイアナ妃《ひ》の離婚でした。

離婚後も人気のあったダイアナ****の事故死に対する女王の姿勢は、批判の的となり、君主制廃止論の声も大きくなりました。しかし女王はこの危機を乗り切り、国民に身近な王室へと変貌《へんぼう》させることに成功したといわれます。

二〇世紀初め、ヴィクトリア女王を継いだエドワード七世は、五九歳で即位しました。ダイアナとの離婚後、結婚前からの愛人カミラと再婚したチャールズ*****王太子は、すでにその年齢を大幅に上まわっています。歴代の国王や女王は、ウェストミンスター寺院の「スクーンの石」（→30ページ）を組み込んだ椅子《いす》に座り、即位の儀式をおこなってきました。現在、この石はスコットランドにあります。彼が即位するとき、この石は使われるのでしょうか。

**……豪華な戴冠式には批判もあったが、第二次世界大戦の傷跡が残る時代に、一筋の明かりをもたらしたともいわれる。

***……ＢＢＣによれば、戴冠式の特別番組を自宅でみた人は七八〇万人、テレビをもつ人の家に行ってみた人は一〇四〇万人、さらに多くの人がパブや映画館でみた。アメリカでは八五〇〇万人が視聴、ドイツでは一時間の特別番組をそのまま放映した。

****……離婚したダイアナは、一九九七年にパリで自動車事故死した。女王は、ダイアナはすでに民間人なのだから、葬儀は内輪でよい、半旗なども必要ないという立場だった。

*****……チャールズは一九四八年生まれ。カミラはプリンセス・オブ・ウェールズの称号を辞退し、コーンウォール公爵夫人の称号を使用している。

◆映画『クイーン』（二〇〇六年、スティーヴン・フリアーズ監督）主演ヘレン・ミレン。ダイアナの死をめぐる、女王とブレア首相のやりとりを軸に描く。

Q5 EU離脱《りだつ》でイギリスはどうなるのですか。

A5 二〇一六年六月二三日におこなわれた国民投票の結果、イギリスはEU*（ヨーロッパ連合）からの離脱《りだつ》（「ブレグジット」）を決めました。EUの政策、とくに各国の主権の制限や厳しい規制、移民**の流入への不満や反感が強かったためです。

国民投票での離脱***支持派と残留支持派との差は、わずか四パーセントでした。投票後、離脱に関する情報****が事前に十分知らされていなかったといわれ、多くの経済学者が離脱の不利益を指摘しました。しかし、イギリスの経済状況は全国一様ではありませんでした。

残留派が多かったのは、EUとのつながりで経済が好調とされるロンドンです。地方経済は、製造業の衰退《すいたい》などで力を失い、産業革命以来の製造業の地域で離脱派がめだちました。

また、二〇一四年の住民投票で独立が否定されたスコットランドでは、残留派が六〇パーセントをこえました。EU内国家として自立をめざしていたスコットランドでは、離脱後に独立運動がふたたび強まるという見かたもあり、ふたたび住民投票がおこなわれる可能性があります。

*……イギリスは一九七三年にEC（ヨーロッパ共同体、EUの前身）に加盟。一九七五年には、加盟見直しの声を背景に、EC残留か否かの国民投票がおこなわれ、残留支持が六割以上を占めた。二〇一六年の国民投票は二度目である。

**……とくに白人労働者の間では、EUに加盟した東欧諸国からの移民が増え、雇用機会や賃金、教育や福祉がおびやかされるという声が大きくなっていた。

***……離脱賛同者は、ウェールズ、ロンドンを除くイングランドで過半数を占め、低学歴層や高齢者が多かった。

****……離脱を主張したイギリス独立党は、虚偽の主張をしていたことを認め、党首が辞任した。

北アイルランドも残留派が多く、動揺《どうよう》が広がりました。ＥＵ加盟国で地つづきのアイルランドと、これからは自由に行き来できなくなるという心配です。このため投票後、アイルランド旅券*****の申請者が急増しました。北アイルランドがイギリスから分離して、アイルランドとの統合へすすむのではないかという見かたも出ています。ＥＵとの離脱交渉では、北アイルランドとアイルランドの国境******のあつかいも大問題です。

イギリスは、ヨーロッパ大陸に領土をもったり、島国に戻ったり、大陸諸国との関係はさまざまでした。ＥＵの前身であるＥＣ（ヨーロッパ共同体）への加盟は七番めの一九七三年で、共通通貨のユーロも、ついに採用しないままでした。イギリスとヨーロッパの関係は一定ではなく、複雑です。また世界との関係でいえば、各地を植民地としたイギリス帝国の過去があります。

こうした歴史には、見通しの悪さや重苦しさがありますが、それは他の国ぐにでも同じです。イギリスの対応は柔軟で、豊かな経験を重ねてきました。二一世紀のイギリスはどのような道を切りひらくでしょう。もしかしたら、私たちを驚かせることが、また起きるかもしれませんね。

*****……ＥＵの市民権を引きつづき享受したいイギリス人は、アイルランド生まれ、または両親か祖父母のどちらかがアイルランド人である場合、アイルランドの旅券を取得できる。

******……離脱交渉では、北アイルランドとアイルランドとの国境で、目にみえる出入国管理や税関は復活させないことで合意されたが、実現には疑問が出されている。

毎日新聞 夕刊
英 EU離脱へ
国民投票
欧州統合に打撃
世界経済 影響必至
東証一時1300円安
1万5000円割る
円高一時99円台

ＥＵ離脱の国民投票結果を伝える新聞紙面（『毎日新聞』二〇一六年六月二四日夕刊）

西　暦	イギリスのおもなできごと
1775	アメリカ独立戦争はじまる（～1783）
1801	アイルランド併合　グレートブリテンおよびアイルランド連合王国成立
1807	奴隷貿易禁止法成立
1838	チャーティスト運動おこる
1840	アヘン戦争（～1842）
1845	アイルランド大飢きん（～1847）
1851	ロンドンで第1回万国博覧会
1854	クリミア戦争（～1856）
1857	インド大反乱（～1858）
1859	ダーウィン『種の起源』出版
1863	薩英戦争
1872	岩倉遣欧使節団リヴァプール到着
1877	ヴィクトリア女王「インド女帝」と称する　イギリス領インド帝国成立
1881	スーダンでマフディーの乱　南アフリカ戦争（1899～1902）
1902	日英同盟の締結
1914	アイルランド自治法成立（大戦により自治延期）第一次世界大戦（～1918）
1916	アイルランドでイースター蜂起
1918	第4回選挙法改正　30歳以上の女性参政権
1922	アイルランド自由国成立
1931	ウェストミンスター憲章によりコモンウェルス（イギリス連邦）発足
1936	エドワード8世、結婚問題で退位
1938	ミュンヘン会談
1939	第二次世界大戦（～1945）
1945	アトリー労働党政権発足　主要産業の国有化
1952	エリザベス2世即位
1956	スエズ戦争
1962	ビートルズがレコード・デビュー
1968	北アイルランド紛争はじまる
1979	サッチャー保守党政権発足
1982	フォークランド戦争
1994	ユーロトンネル開通式
1997	ブレア労働党政権発足
2003	イラク戦争参加
2012	ロンドンで第30回夏季オリンピック大会開催
2014	スコットランドの独立を問う住民投票で、反対が多数
2016	EU離脱を問う国民投票で、離脱派多数

年　表

西　暦	イギリスのおもなできごと
約１万年前	氷河期がおわりブリテン諸島の形成
前2000ころ	ストーンヘンジの建造はじまる
前500ころ	ケルト人が侵入か（？）
前55	カエサルのブリタニア侵攻
前60	ブーディカ女王のローマに対する反乱
122	「ハドリアヌスの防壁」の建造はじまる
２世紀ころ	キリスト教伝来
410	ローマ軍撤退しローマ支配おわる
５世紀ころ	アングロ・サクソン人の侵入本格化する
597	アウグスティヌスの布教　このころ七王国形成
７世紀ころ	サットン・フーの船葬墓つくられる
８世紀	ヴァイキングの侵入
871	ウェセックス王アルフレッド即位（～899）
1016	クヌートがイングランド王に即位（～1035）
1066	ノルマン人の征服
1167	オクスフォード大学創立
1215	ジョン王がマグナ・カルタに署名
1276	エドワード１世のウェールズ侵攻（～1295）
1296	イングランド＝スコットランド戦争はじまる
1337	百年戦争はじまる（～1453）　黒死病の流行（1338～）
1381	ワット・タイラーの乱
1455	バラ戦争はじまる（～1485）
1485	リチャード３世敗死　ヘンリ７世即位・テューダー朝成立
1516	トマス・モア『ユートピア』発表
1534	ヘンリ８世が首長法制定　イングランド国教会成立
1536	イングランドのウェールズ併合
1558	エリザベス１世即位
1649	チャールズ１世処刑　クロムウェルのアイルランド征服
1666	ロンドン大火
1688	名誉革命
1692	グレンコーの虐殺
1707	スコットランド議会をイングランド議会に併合
1714	ジョージ１世即位・ハノーヴァー朝成立
1753	イギリス博物館創立（開館は1759）
1756	七年戦争はじまる（～1763）　プラッシーの戦い（1757）
1765	ワットの蒸気機関改良　このころ産業革命すすむ

〔参考文献〕（＊著者50音順）

荒井政治『レジャーの社会経済史――イギリスの経験』（東洋経済新報社，1989）
石川謙次郎『変わるイギリス　変わらないイギリス』（NHK出版，1993）
井野瀬久美惠編『イギリス文化史』（昭和堂，2010）
今井宏『ヒストリカル・ガイド　イギリス〔改訂新版〕』（山川出版社，2000）
宇野毅『現代イギリスの社会と文化【増補版】――ゆとりと思いやりの国』（彩流社，2015）
笠原敏彦『ふしぎなイギリス』（講談社，2015）
川北稔編『イギリス史』（山川出版社，1998）
川成洋編著『イギリスの歴史を知るための50章』（明石書店，2016）
川成洋・長尾輝彦編『現代イギリス読本』（丸善出版，2012）
君塚直隆『ヴィクトリア女王――大英帝国の“戦う女王”』（中央公論社，2007）
君塚直隆『物語 イギリスの歴史（上）――古代ブリテン島からエリザベス1世まで』（中央公論社，2015）
木村正俊編著『スコットランドを知るための65章』（明石書店，2015）
小林恭子『英国メディア史』（中央公論新社，2011）
近藤和彦『イギリス史10講』（岩波書店，2013）
近藤久雄・細川祐子編『イギリスを知るための65章』（明石書店，2003）
桜井武『ロンドンの美術館――王室コレクションから現代アートまで』（平凡社，2008）
指昭博編著『はじめて学ぶイギリスの歴史と文化』（ミネルヴァ書房，2012）
指昭博『図説　イギリスの歴史』（河出書房新社，2015）
鈴木かほる『徳川家康のスペイン外交』（新人物往来社，2010）
多尾清子『統計学者としてのナイチンゲール』（医学書院，1991）
角山栄・川北稔編『路地裏の大英帝国――イギリス都市生活史』（平凡社，1982）
角山栄・川北稔・村岡健次『産業革命と民衆』（河出書房新社，1992）
高橋裕子『イギリス美術』（岩波書店，1998）
長島伸一『大英帝国』（講談社，1989）
長島伸一『ナイチンゲール』（岩波書店，1993）
長谷川貴彦『イギリス現代史』（岩波書店，2017）
マーガレット・ハンフリーズ，都留信夫他訳『からのゆりかご――大英帝国の迷い子たち』（日本図書刊行会，1997）
松村昌家『幕末維新使節団のイギリス往還記――ヴィクトリアン・インパクト』（柏書房，2008）
宮永孝『日本とイギリス――日英交流の400年』（山川出版社，2000）
森正人『歴史発見！　ロンドン案内』（洋泉社，2012）
山田勝『イギリス紳士の幕末』（日本放送出版協会，2004）
横川節子『イギリス　ナショナル・トラストを旅する』（千早書房，2001）
依田好照『世界の国ぐにの歴史　イギリス』（岩崎書店，1990）
ミカエル・ライリー，ジェイミー・バイロン，クリストファー・カルピン著，前川一郎訳『イギリス中学校歴史教科書　イギリスの歴史【帝国の衝撃】』（明石書店，2012）
メアリー・M. ロジャース，桂文子訳『目で見る世界の国々　ウェールズ』（国土社，1997）
メアリー・M. ロジャース，三村美智子訳『目で見る世界の国々　スコットランド』（国土社，1997）
メアリー・M. ロジャース，足立万寿子訳『目で見る世界の国々　イングランド』（国土社，1997）

〔写真提供元〕

◆カバー
［右列・上から］PD ／ PD ／ PD ／ Sue Wallace，CC BY-SA 2.0 ／ Nick J Webb，CC BY-SA 2.0
［中央列・上から］PD ／ PD ／ Postdlf，CC BY-SA 3.0，部分／写真提供：ロイター＝共同
［左列・上から］著者／ PD

◆本文中（表示が必要なもののみ）
p.9　John Burka，CC BY-SA 3.0 ／ p .10　著者／ p.13　John Winfield，CC BY-SA 2.0 ／ p.16 下　Gernot Keller www.gernot-keller.com，CC BY-SA 2.5 ／ p.17　Arne Koehler (Wikimedia Commons)，CC BY-SA 3.0 ／ p.18　RAY JONES，CC BY-SA 2.0 ／ p.26　Hans Musil - Picture taken and postprocessed by Hans Musil，CC BY-SA 4.0 ／ p.29　Steve Daniels，CC BY-SA 2.0 ／ p.40　Diliff，CC BY-SA 3.0 ／ p.43　C. Walter Hodges - Folger Shakespeare Library，CC BY-SA 4.0 ／ p.45　著者／ p.54　Wojsyl，CC BY-SA 3.0 ／ p.58　Postdlf，CC BY-SA 3.0，部分／ p.67　Nicolas Perez，CC BY-SA 3.0 ／ p.69　Bert Kaufmann from Roermond, Netherlands - New Lanark，CC BY-SA 2.0 ／ p.72　Andrew Dunn，CC BY-SA 2.0 ／ p.77　著者／ p.93　著者／ p.94　Punch, April 17, 1935. ／ p.122　Bundesarchiv, Bild 183-R69173，CC-BY-SA 3.0 ／ p.124　Sue Wallace，CC BY-SA 2.0 ／ p.125　Hynek Moravec，CC BY-SA 3.0 ／ p.127（2 枚）　高嶋伸欣氏／ p.132　Laurie Nevay - IMG_4834.jpg，CC BY-SA 2.0 ／ p.140　By Ham，CC BY-SA 3.0 ／ p.144　Rob Bogaerts / Anefo - Nationaal Archief，CC BY-SA 3.0 ／ p.152　写真提供：ロイター＝共同／ p.153　著者／ p.154　Nick J Webb，CC BY-SA 2.0

著者

石出法太（いしで のりお）

1953年生まれ．法政大学・立正大学・関東学院大学非常勤講師，歴史教育者協議会会員．

著書『まちがいだらけの検定合格歴史教科書』（青木書店），『世界の国ぐにの歴史2　イタリア』『世界の国ぐにの歴史17　ドイツ』『日本とのつながりで見るアジア　過去・現在・未来7　オセアニア』（岩崎書店），『これならわかるアメリカの歴史Ｑ＆Ａ』『これならわかるハワイの歴史Ｑ＆Ａ』『これならわかるオリンピックの歴史Ｑ＆Ａ』（共著，大月書店），『知っておきたい　フィリピンと太平洋の国々』『知っておきたい　オーストラリア・ニュージーランド』（共著，青木書店），『「日本軍慰安婦」をどう教えるか』（共著，梨の木舎）など．

石出みどり（いしで みどり）

1954年生まれ．首都大学東京・都留文科大学・立正大学非常勤講師，歴史教育者協議会会員．

著書『世界の国ぐにの歴史20　スペイン』（岩崎書店），『これならわかる世界の歴史Ｑ＆Ａ』（全３巻）『これならわかるアメリカの歴史Ｑ＆Ａ』『これならわかるハワイの歴史Ｑ＆Ａ』『これならわかるオリンピックの歴史Ｑ＆Ａ』（共著，大月書店），『新・歴史のとびら』（上下巻，共著，日本書籍），『知っておきたい　東南アジア２』『知っておきたい　中国３　香港・マカオ・台湾』『知っておきたい　オーストラリア・ニュージーランド』（共著，青木書店），『世界史から見た日本の歴史38話』（共著，文英堂）など．

これならわかるイギリスの歴史 Q&A

2018年７月13日　第１刷発行

著　者　石出法太・石出みどり

発行者　中川　進

発行所　株式会社　大月書店

113-0033　東京都文京区本郷 2-27-16

電話　03-3813-4651（代表）03-3813-4656（FAX）

振替　00130-7-16387

http://www.otsukishoten.co.jp/

印刷所　太平印刷社

製本所　中永製本

ISBN978-4-272-50223-3　C0022　Printed in Japan